關於神奇女俠和
霍金⋯⋯邏輯謎題

騷格勒底

關於神奇女俠和霍金騎馬的邏輯謎題

作　　者：騷格勒底

出　　版：真源有限公司

地　　址：香港柴灣豐業街 12 號啟力工業中心 A 座 19 樓 9 室

電　　話：(八五二) 三六二零 三一一六

發　　行：一代匯集

地　　址：香港九龍大角咀塘尾道 64 號龍駒企業大廈 10 字樓 B 及 D 室

電　　話：(八五二) 二七八三 八一零二

印　　刷：美雅印刷製本有限公司

初　　版：二零二三年七月

如有破損或裝訂錯誤，請寄回本社更換。

目錄

1. 導引

一次，神奇女俠遇到一個挑戰。她找到一個古老的神秘寶藏，被稱為「智者之水」的寶藏。據說，任何人喝了這種水都能得到智慧。但它被藏在兩個瓶子中，一個瓶子裡的水是真的智者之水，而另一個瓶子裡的水則是致命的毒藥。兩個瓶子看起來完全一樣，而且神奇女俠無法用她的超能力分辨。

瓶子的守護者給了她一個提示。他說，其中一個瓶子的守護精靈總是說真話，而另一個瓶子的守護精靈總是說謊。她只能問一個守護精靈一個問題，然後必須選擇其中一個瓶子。

神奇女俠思考了一會兒，然後走到了其中一個守護精靈面前，問道：「如果我問你的伙伴，哪個瓶子裡是智者之水，他會怎麼說？」守護精靈給出了他的答案。

神奇女俠聽完答案後，選擇了另一個瓶子。神奇女俠成功地選擇了智者之水，她是怎樣做到的？

這是一個經典的邏輯謎題，被稱為「兩門問題」或「兩守護者問題」。這個問題的策略在於使真語者和謊言者的回答一致，這樣無論問哪一個，都可以得出正確的答案。神奇女俠問的問題就是這樣設計的。

神奇女俠問的是：「如果我問你的伙伴，哪個瓶子裡是智者之水，他會怎麼回答？」

1.如果她問的是說真話的守護精靈，這個精靈知道說謊的守護精靈會指向有毒的瓶子，所以他會說「他會指向有毒的瓶子」。

　　2.如果她問的是說謊的守護精靈，這個精靈會謊稱，說真話的守護精靈會指向有毒的瓶子，然後說「他會指向智者之水的瓶子」。

　　在兩種情況下，守護精靈都會指向有毒的瓶子。因此，神奇女俠選擇了另一個瓶子，那裡就是智者之水。

　　這個故事告訴我們，我們必須依賴自己的智慧和邏輯思考，而不是外在的工具和力量，來解決面前的問題。

1.1 邏輯：貓是什麼？

英文 logic（邏輯）一詞源自古希臘語詞語「logikē」，意為「推理藝術」。它來自希臘詞語「logos」，具有多種含義，包括「言語」、「講話」、「理性」和「思考」。Logic（邏輯）這個詞最早出現在 16 世紀的英語中，起初是用來指哲學中關於推理和論證的研究。隨著時間的推移，「邏輯」一詞被應泛應用於多種領域，包括數學、計算機科學、語言學和心理學等。

邏輯定義為對推理、論證和推理的系統研究。它涉及用於區分有效推理和無效推理的原則和方法，並評估論證的可靠性和說服力。

邏輯的重要性，在於它能夠幫助我們更好地推理，並做出更好的決策。通過學習邏輯原理，我們可以批判性地評估論點、識別謬誤，構建我們自己的合理論點。這在學術和專業環境中尤為重要，因為在這些環境中，良好的推理能力和有效的溝通能力至關重要。

例如，在法律領域，律師和法官使用邏輯來分析和評估法律論據。在科學領域，研究人員使用邏輯推理來提出假設、設計實驗，根據經驗證據得出結論。在數學中，邏輯被用來證明定理和建立數學論證的有效性。

邏輯也用於日常生活，例如，我們使用邏輯推理來評估新

聞來源的可靠性，評估政治爭論，並就我們的健康、財務和人際關係做出決定。

邏輯很重要，因為它可以幫助我們避免推理錯誤，並做出更好的判斷。如果沒有很好地理解邏輯，我們可能很容易被錯誤的論點所說服，例如訴諸情感或人身攻擊，並根據不完整或不準確的信息做出錯誤的決定。

研究邏輯能夠幫我們培養批判性思維能力，在學術和專業環境中至關重要。通過學習分析論點、識別假設和評估證據，我們可以更好的解決問題和更有效的溝通。這些技能在許多行業都受到高度重視，包括商業、醫療保健和工程。

邏輯的另一個重要方面是它在哲學中的作用。哲學家使用邏輯來探索關於現實、知識和道德的基本問題。例如，哲學家使用邏輯推理來分析關於上帝存在的論據，評估倫理理論，以及評估關於自由意志和決定論的主張的有效性。

邏輯不僅對實際應用很重要，而且對人的內在價值也很重要。邏輯研究可以激發智力，挑戰我們對複雜問題進行深入和仔細的思考。從這個意義上講，邏輯可以看作是一種增強我們的認知能力並擴展我們對世界的理解的心理鍛煉。

邏輯與其他學科的關係也很重要。例如，邏輯與數學密切相關，因為許多數學概念和證明都依賴於邏輯推理。同樣，邏輯對於電腦科學來說是必不可少的，它被用來設計和分析算法，確保軟件程序的正確性。

邏輯與語言學和語言哲學也密切有關。通過分析語言的

結構及其使用規則，邏輯學家可以闡明意義、指稱和交流的本質。這在自然語言處理和人工智能等領域都有實際應用。

邏輯在哲學史上發揮重要作用，可追溯到古希臘。柏拉圖和亞里士多德等哲學家提出了複雜的邏輯系統，為現代邏輯奠定了基礎。在 19世紀和 20世紀，戈特洛布弗雷格、伯特蘭羅素和維根斯坦等邏輯學家為符號邏輯的發展做出了重大貢獻，現在符號邏輯已成為許多領域的核心工具。

邏輯學的研究並不局限於學術界。任何有興趣進一步了解邏輯的人都可以使用許多資源，包括在線課程、教科書和免費的期刊。通過學習邏輯，任何人都可以提高他們的推理能力，成為更有效的溝通者，並對周圍的世界有更深入的了解。

邏輯研究的一個重要方面是強調清晰和精確。在邏輯中，論證是根據它們的形式和結構而不是它們的內容來評估的。這使我們能夠專注於陳述之間的邏輯關係，並獨立於其主題來評估論點的有效性。

考慮以下論點：

所有的貓都是哺乳動物。

毛毛是一隻貓。

因此，毛毛是哺乳動物。

這個論證是有效的，不管我們是否相信所有的貓都是哺乳動物，或者毛毛是否真的是一隻貓。論證的有效性完全取決於它的邏輯結構，以上例子便遵循了三段論的形式。

因為清晰和精確，邏輯幫助我們避免了誤解。它還允許我

們分析複雜的論點，將它們分解成組成部分。這在學術和專業環境中尤為重要。在這些環境中，複雜的論點很常見，理解和評估複雜論點的能力至關重要。

在邏輯上，論證是根據支持證據的強度和推理的有效性來評估的。這需要在論證的形成和證據的評估上都具有高度的嚴謹性。在數學中，證明（proof）是建立數學陳述真實性的邏輯論證。證明必須嚴格、精確，且邏輯上有效，並受到其他數學家的嚴格審查。

通過強調嚴謹性和證據，邏輯幫助我們確立主張的有效性和論證的可靠性。這在科學和工程等領域尤為重要，在這些領域，論點的準確性和可靠性會產生重大影響。

邏輯學強調清晰、精確、嚴謹和證明。通過關注論證的形式和結構，邏輯幫助我們獨立於論證內容評估論證的有效性。強調嚴謹性和證據，邏輯學幫助我們確立主張和論證的有效性。

1.2 由柏拉圖到 AI

邏輯研究有著悠久而豐富的歷史，可以追溯到古希臘。邏輯發展中一些最重要的人物和里程碑包括：

公元前 400年代：古希臘哲學家赫拉克利特提出了邏各斯的概念，即宇宙中理性和秩序的原則。

公元前 387年：柏拉圖在雅典創立了學院，在那裡他向學生傳授辯證法，這是一種基於邏輯論證的哲學探究方法。

公元前 350年：亞里士多德出版了他的《工具論》（Organon），這是一本關於邏輯的著作，其中包括類別、解釋、先驗分析和後驗分析。亞里士多德的邏輯系統基於三段論推理和謂詞的使用，是為西方邏輯的基礎。

公元 1200年代：西班牙裔阿拉伯哲學家阿威羅伊斯翻譯並評論了亞里士多德的邏輯著作，將亞里士多德的邏輯引入伊斯蘭世界。

公元 1270年：托馬斯·阿奎那（Thomas Aquinas）將亞里士多德邏輯納入他的哲學和神學體系，成為天主教會的官方教義。

公元 1600年代：德國哲學家戈特弗里德·威廉·萊布尼茨（Gottfried Wilhelm Leibniz）提出了推論微積分的概念，這是一種符號邏輯的通用語言。

公元 1847年：英國邏輯學家喬治·布爾（George Boole）

出版了《思想法則調查》（An Investigation of the Laws of Thought），其中他介紹了布爾代數的概念，這是一種用於表達邏輯運算的符號系統，成為數字邏輯和電腦科學的基礎。

公元 1879年：德國數學家 Georg Cantor提出了集合論的概念，允許數學推理的形式化，並為現代數理邏輯奠定了基礎。

公元 1900年代：波蘭邏輯學家武卡謝維奇（Jan Łukasiewicz）和德國邏輯學家維根斯坦（Ludwig Wittgenstein）開發了新的符號邏輯系統，包括命題邏輯、謂詞邏輯和模態邏輯，極大地擴展了邏輯推理的範圍和能力。

公元 1931年：庫爾特·哥德爾（Kurt Gödel）發表了他的不完備性定理，表明任何正式的邏輯系統要麼是不完備的，要麼是不一致的。

公元 1950年代：美國哲學家威拉德·范奧曼·奎因（Willard Van Orman Quine）發展了自然化認識論的概念，認為邏輯不是先驗的或基礎的，而是人類探究和調查的產物。

幾個世紀以來，隨著世界各地的邏輯學家開發新的系統、方法和應用程序，邏輯得到了發展和擴展。今天，邏輯仍然是一個活躍的研究領域，在許多領域都有重要的應用，包括數學、電腦科學、語言學、哲學等。

在 20世紀，邏輯繼續向新的方向發展。一個重要的發展是模態邏輯的興起，集中於可能性和必然性的研究。模態邏輯使我們能夠推理替代的可能世界以及某些命題可能為真或為假的條件。這在哲學中有重要的應用，它被用來分析自由意志、

決定論和道德責任等概念。

　　20世紀的另一個重要發展是非經典邏輯的興起，它是脫離傳統亞里士多德邏輯體系的邏輯體系。非經典邏輯包括直覺主義邏輯，建立在否定排中律和絕對真理概念的基礎上；關聯邏輯與推理研究和前提與結論相關的條件有關；和次協調邏輯關注矛盾的研究以及它們可以被容忍或解決的條件。這些非經典邏輯在電腦科學、人工智能和信息檢索等領域有著重要的應用。

　　20世紀後半葉，邏輯在人工智能和認知科學的發展中也發揮了重要作用。約翰‧麥卡錫（John McCarthy）和明斯基（Marvin Minsky）等邏輯學家開發了依賴邏輯推理和推理的人工智能系統，並使用 Prolog 等邏輯語言來解決問題。這導致了專家系統的發展，這些電腦程序可以執行通常需要人類專業知識的任務，例如醫學診斷、財務分析和法律推理。

　　今天，邏輯是活躍的研究領域，新的系統、方法和應用程序一直在開發中。當前研究中最令人興奮的領域之一是計算邏輯研究，它涉及用於自動推理和解決問題的算法和軟件工具的開發。這在機器人、機器學習和自然語言處理等領域有著重要的應用，並有望在未來幾年徹底改變我們思考和使用邏輯的方式。

　　邏輯在法律、倫理學和政治學等各個研究領域都有重要的應用。在法律中，律師和法官使用邏輯推理來分析法律論據、評估證據並做出決定。邏輯推理在倫理辯論中也很重要，它被用來評估道德論點和識別謬誤。在政治中，邏輯推理用於評估

政策建議、評估政治家提出的主張的有效性以及識別政治論點中不一致的地方。

　　通過分析語言的結構及其使用規則，邏輯學家可以闡明意義、指稱和交流的本質。這在自然語言處理和人工智能等領域具有實際應用，在這些領域中理解和生成人類語言的能力至關重要。

1.3 阿基里斯追不上烏龜

　　公元前 4世紀亞里士多德體係系發展之前，雖然有一些早期嘗試將邏輯推理系統化，但這些早期形式的邏輯因缺乏正式系統和評估論點的明確方法而受到限制。

　　早期的邏輯形式可以追溯到古代美索不達米亞和埃及，那裡的抄寫員和祭司開發了推理系統，以幫助解釋預兆和舉行宗教儀式。這些早期的邏輯系統主要基於經驗觀察和類比的使用，並且不受後來邏輯系統所要求的嚴格的證明和驗證標準的約束。

　　在古希臘，前蘇格拉底哲學家嘗試將邏輯推理系統化，他們試圖通過使用推理和論證來理解現實的本質。這些早期哲學家，如赫拉克利特和巴門尼德，發展了基於類比和隱喻使用的思想體系，但經常因為缺乏清晰性和連貫性而受到批評。

　　儘管它們在哲學史上很重要，但早期的邏輯形式受到許多因素的限制。一個關鍵的限制是缺乏一個正式的系統來評估論點。如果沒有一套明確的規則和程序來確定論證的有效性，通常很難區分有效推理和無效推理。這使得很難區分真假聲明，並導致廣泛的混亂和不確定性。

　　早期邏輯形式的另一個局限是對類比和隱喻的依賴。雖然這些修辭手段可能有助於解釋複雜的概念和想法，但它們通常

會有多種解釋，並且很容易被操縱以支持不同的結論。

　　為了說明早期邏輯形式的一些關鍵特徵和局限性，我們可以看一些古希臘哲學的例子。例如在蘇格拉底之前的哲學家巴門尼德提出，變化和運動是幻覺。巴門尼德認為一切事物的多樣性和變幻只是一個幻覺，整個宇宙只有一個東西，並且永恆不變、不可分割，他稱之為「一」。

　　早期形式邏輯的另一個例子是蘇格拉底之前哲學家埃利亞的芝諾提出的論點。芝諾是希臘古典時期的哲學家和邏輯學家，他的悖論挑戰了人類對空間、時間、運動和數量等基本概念的理解，也挑戰了人類的邏輯思維。

　　其中最著名的悖論是阿基里斯與烏龜悖論：讓烏龜在阿基里斯前面 1000米處開始，並假定阿基里斯的速度是烏龜的 10倍。比賽開始後，若阿基里斯跑了 1000米，假設所用的時間為 t，此時烏龜便領先他 100米；當阿基里斯跑完下一個 100米時，他所用的時間為 t/10，烏龜仍然領先他 10米。當阿基里斯跑完下一個 10米時，他所用的時間為 t/100，烏龜仍然領先他 1米。按照這個推理，因為距離可以無限分割，烏龜將永遠領先阿基里斯——無論是多麼短的距離，而阿基里斯也永遠無法追上烏龜。

　　這個悖論的挑戰在於，它看似符合直覺，但邏輯上卻存在矛盾。雖然這個悖論看起來似乎只是一個有趣的邏輯難題，但實際上它挑戰了我們對時間和空間的理解，也對運動的概念提出了質疑。芝諾的其他悖論也同樣有著類似的挑戰和啟示作

用。芝諾的悖論依賴於類比和思想實驗的使用，旨在表明運動概念在邏輯上存在缺陷。

這個悖論的問題在於假設一個無限的有限距離序列永遠不能加起來得到一個有限的距離。但現代數學表明這並不是真的。有一些方法可以計算一個無限數列的和，而這個和是有時是有限的。例如，數列 1/2+1/4+1/8+1/16+......有無限多項，但它的和是 1。

在阿基里斯和烏龜的情況下，我們可以用一個公式來找出阿基里斯追上烏龜所需的時間。假設阿基里斯的速度是每秒10米，烏龜的速度是每秒 1米。烏龜有 1000米的領先優勢，我們可以寫出一個方程式來表示兩者所行過的距離：

阿基里斯：dA=10t

烏龜：dT=1000+1t

其中是 d是距離，t是時間，A是阿基里斯，T是烏龜。要找出阿里裡斯追上烏龜的時間，我們需要解出 t，使得 dA=dT：

10t=1000+1t

9t=1000

t=1000/9

t=111.111秒

所以在大約 111.111秒的時候，阿基里斯就會跑過 1000米並達到與烏龜相同的位置，而烏龜只是爬過 1111米。

這說明了阿基里斯可以追上烏龜並且沒有邏輯矛盾。悖論是基於對無限和運動的錯誤理解。

雖然早期形式的邏輯不再用作正式的推理系統，但它們仍然與當代關於邏輯的性質和範圍的辯論相關。為了進一步說明早期邏輯形式的局限性，我們可以看一些來自不同文化和歷史背景的額外例子。

　　在中世紀的歐洲，哲學家彼得·阿貝拉爾（Peter Abelard）發展了一套邏輯體系，該體系基於辯證推理的使用和對相互矛盾觀點的檢驗。

　　彼得·阿貝拉爾的邏輯方法被稱為「辯證工具」（Sic et Non），主要包括以下幾個步驟：

　　1.收集有關某個問題的不同觀點和論證。只有收集足夠多的有關某個問題的觀點和論證，才能夠全面地瞭解這個問題，並找出其中的問題和矛盾。

　　2.整理和分類這些觀點和論證，以便更加清晰和系統地分析和比較。

　　3.分析和比較這些觀點和論證，這樣才可以發現它們之間的矛盾和問題，進而找出更加準確和合理的結論。

　　4.通過以上的分析和比較，可以得出一個更加準確和合理的結論，這個結論可以被認為是某個問題的真理。

　　彼得·阿貝拉爾的邏輯方法在當時是一種非常先進的思維方式，它具有開放性、批判性和綜合性等特點，被認為是中世紀歐洲哲學史上的一大創舉。對後來的邏輯學和哲學思想產生了深遠的影響。

　　阿伯拉爾的系統旨在調和教會的教義與理性的要求，並在

中世紀哲學的發展中產生了廣泛的影響。然而，阿貝拉爾的哲學思想也有一些缺點。首先，他的哲學方法過於強調邏輯和分析，而忽視了經驗和實踐的重要性，導致他的思想在某些方面過於抽象和理論化。其次，他在神學方面的觀點引起了不少爭議，特別是他對三位一體的理解和解釋，被認為是異端邪說，最後遭受了教廷的強烈反對和打壓。

　　邏輯的早期形式在人類思想和推理的發展中發揮了重要作用，並且繼續與當代關於邏輯的性質和範圍的辯論相關。這些早期的邏輯形式由於缺乏正式系統以及對隱喻語言和類比的依賴而受到限制。研究早期邏輯形式的局限性，我們可以更好地理解邏輯推理，並開發出更加細緻和複雜的方法來評估論點和做出決策。

1.4 亞里士多德的偉大

　　邏輯史上最重要的發展是亞里士多德系統，由希臘哲學家亞里士多德在公元前 4世紀提出。亞里士多德的邏輯體系基於三段論的概念，三段論是由三個命題組成的演繹論證：大前提、小前提和結論。該系統還包括謂詞的使用，謂詞是可以應用於主題以創建命題的屬性。

　　亞里士多德的 Organon是一系列關於邏輯的著作，包括類別、解釋、先驗分析和後驗分析，成為未來幾個世紀西方邏輯的基礎。他的邏輯系統允許根據形式規則評估論點，並為新思想和概念的發展提供了框架。

　　亞里士多德體系並非沒有局限性。關鍵限制之一是它依賴演繹推理，演繹推理基於論證前提為真的假設。這使得很難根據經驗證據或新信息來評估論點，並引發了對人類理性的本質和局限性的懷疑和爭論。

　　亞里士多德系統的局限性最終導致了新邏輯系統的發展，例如斯多葛邏輯和麥加拉邏輯，旨在解決其中一些局限性。例如，斯多葛邏輯強調命題邏輯的使用，它允許使用符號和形式規則來表示複雜的論證。另一方面，麥加拉邏輯側重於使用悖論和辯證推理來挑戰和完善哲學論證。

　　這些新邏輯系統的影響一直持續到中世紀和文藝復興時期，

托馬斯·阿奎那、約翰·鄧斯·斯科特斯和奧卡姆的威廉等哲學家做出了顯著貢獻。這些哲學家試圖調和理性的要求與教會的教義，並想出新的方法來評估基於理性、信仰和經驗證據的論點。

在現代，George Boole、Gottlob Frege等人對數理邏輯的發展為邏輯在電腦科學、人工智能和其他領域的應用鋪平了道路。數理邏輯允許使用符號和數學符號對邏輯推理進行形式化，並為新算法和計算方法的開發提供了框架。

今天，邏輯研究是哲學、數學、電腦科學和其他領域的重要組成部分。模態邏輯、模糊邏輯和次協調邏輯等新邏輯系統的發展，不斷擴大邏輯推理的範圍和能力，並挑戰我們對人類理性的本質和局限性的假設。

除了新的邏輯系統之外，人們越來越關注將邏輯應用於現實世界的問題。這也加快了應用邏輯的發展，即使用邏輯推理和方法來解決法律、倫理和政策等領域的實際問題。

例如，在法律推理中，邏輯用於構建支持特定法律解釋或決定的論據。邏輯方法也用於倫理推理，有助於澄清道德概念和原則，並評估道德論點和理論。

在政策制定過程中，邏輯推理用於評估不同政策的後果，並根據一組標準或價值觀確定最佳行動方案。在醫學和工程等領域，邏輯方法被用來評估新療法或新技術的安全性和有效性，並識別潛在的風險和危害。

亞里士多德等古代哲學家對邏輯學的發展做出了重大貢獻，對現代邏輯學產生了深遠的影響：

亞里士多德的邏輯體系（公元前 4世紀）

亞里士多德在公元前 4世紀發展的邏輯體系基於三段論的概念和謂詞的使用。他的邏輯體系提供了一個基於形式規則評估論證的框架，並成為未來幾個世紀西方邏輯學的基礎。他的邏輯著作，包括範疇論、解釋論、先驗分析和後驗分析，在整個中世紀和文藝復興時期被哲學家研究和發展。

斯多葛邏輯學（公元前 3世紀－公元 3世紀）

斯多葛學派是古希臘哲學的一個學派，它發展了一個命題邏輯系統，允許使用符號和形式規則來表示複雜的論點。斯多葛學派也以強調美德倫理而著稱，美德倫理關注道德品質的發展和對美好生活的追求。他們對邏輯學和倫理學的貢獻對西方哲學產生了深遠的影響。

麥加拉邏輯學（公元前 4世紀）

麥加拉哲學學派是一群古希臘哲學家，他們強調使用悖論和辯證推理來挑戰和完善哲學論點。他們對辯證推理的關注，包括使用對話和論證來得出真理，影響了柏拉圖和亞里士多德等後來的哲學家。

中世紀邏輯學（公元 5世紀－ 16世紀）

在中世紀，亞里士多德邏輯學被托馬斯·阿奎那、約翰·鄧斯·斯科特斯和奧卡姆的威廉等哲學家研究和發展。這些哲學家試

圖調和理性的要求與教會的教義，並開發了新的方法來評估基於理性、信仰和經驗證據的論點。他們對邏輯學和哲學的貢獻為現代科學和哲學的發展奠定了基礎。

數理邏輯（19世紀—至今）

在 19世紀，出現了新的邏輯系統，試圖解決亞里士多德系統的一些局限性。George Boole發展了布爾代數的概念，它提供了表達邏輯運算的符號系統，成為數字邏輯和電腦科學的基礎。戈特洛布·弗雷格（Gottlob Frege）發展了謂詞邏輯的概念，它允許數學推理的形式化，並為現代數理邏輯奠定了基礎。數理邏輯發展的其他重要人物包括伯特蘭·羅素、阿爾弗雷德·諾斯·懷特海和庫爾特·哥德爾。

亞里士多德等古代哲學家的貢獻對現代邏輯產生了深遠的影響。他們的邏輯體系、哲學思想和推理方法至今仍被學者們研究和爭論，他們的影響可以在哲學、數學、電腦科學和人工智能等廣泛領域中看到。

從亞里士多德等古代哲學家的早期貢獻到非經典邏輯、邏輯哲學、邏輯與計算的現代發展，邏輯研究幫助我們更有效地推理、識別和解決複雜問題，以及理解推理本身的本質。

1.5 符號邏輯：一支穿雲箭

　　符號邏輯是一種使用符號和形式規則來表示邏輯關係和評估參數的邏輯。它是亞里士多德邏輯體系的延伸，依靠自然語言來表達邏輯關係。符號邏輯允許更精確和形式化地表示邏輯關係，這在數學、電腦科學和哲學等領域有許多應用。

　　符號邏輯的發展可以追溯到 17、18世紀，當時戈特弗里德·威廉·萊布尼茨和喬治·布爾等數學家開始探索用符號表示邏輯關係的可能性。萊布尼茨提出了推理微積分的概念，這是一種符號邏輯的通用語言。布爾在他的著作《思想法則研究》（1854）中介紹了布爾代數的概念，這是一種用於表達邏輯運算的符號系統，成為數字邏輯和電腦科學的基礎。

　　在 19世紀末和 20世紀初，西方學界開發了新的符號邏輯系統，允許形式化各種類型的邏輯關係。例如，伯特蘭·羅素和阿爾弗雷德·諾斯·懷特海開發了《數學原理》系統，該系統試圖將所有數學簡化為一套形式化的邏輯規則。該系統基於謂詞邏輯，一種符號邏輯，允許表示對象和屬性之間的邏輯關係。

　　符號邏輯的其他重要系統包括命題邏輯，它允許表示命題或陳述之間的邏輯關係，以及模態邏輯，它允許表示模態，例如必然性和可能性。這些符號邏輯系統已被用於形式化和分析

範圍廣泛的邏輯關係，並在數學、電腦科學、哲學、語言學和人工智能等領域有許多應用。

符號邏輯最重要的應用之一是電腦算法和程序的開發。形式符號邏輯的使用允許程序員以精確和明確的方式指定程序的行為，並推理算法的正確性和效率。符號邏輯也被用於開發人類推理和認知的形式模型，以及研究語言和思想之間的關係。

符號邏輯的發展對我們推理複雜關係以及開發精確和形式化的世界模型的能力產生了深遠的影響。符號表示法的使用，使我們能夠以更精確和形式化的方式表示邏輯關係，在數學、電腦科學和哲學等領域有很多應用。

符號邏輯的例子：

1.命題邏輯：命題邏輯，也稱為句子邏輯，是處理命題或陳述的符號邏輯系統。它使用「和」（∧）、「或」（∨）和「非」（¬）等符號來表示命題之間的邏輯關係。例如，命題「如果下雨，那麼街道是濕的」可以用符號表示為「P→ Q」，其中 P代表陳述「下雨」，Q代表陳述「街道是濕的」。

2.謂詞邏輯：謂詞邏輯是一種符號邏輯，允許表示對象和屬性之間的邏輯關係。它使用∀（代表所有）和∃（存在）等符號來量化對象集，並表示它們之間的邏輯關係。例如，語句「All dogs bark」（所有狗都吠叫）可以用符號表示為「∀ x（Dog（x）→ Bark（x））」，其中 Dog（x）表示語句「x is a dog」，而 Bark（x）代表語句「x barks」。

3.模態邏輯：模態邏輯是一種符號邏輯，處理必要性和可能性等模態，使我們能夠根據某些條件或可能性對可能為真或不為真的命題進行推理。它使用□（必要性）和◊（可能性）等符號來表示模態，並進行推理。例如，命題「如果下雨，那麼街道一定是濕的」可以用符號表示為「□（P→Q）」，其中□代表必然性。

4.模糊邏輯：模糊邏輯是一種符號邏輯，它允許我們用不精確或不確定的信息去推理。在模糊邏輯中，每個命題的真實性不再是二元的（即真或假），而是介於 0和 1之間的數字。這是模糊邏輯與傳統邏輯的一個主要區別。這讓我們能更好地處理語言的模糊性和不確定性，例如「外面有點熱」這樣的語句：

Hot（x）：「x很熱」。這是一個謂詞，對於給定的 x（假設 x表示「外面」），Hot（x）給出了 x「很熱」的程度。這可能是一個在 0到 1之間的數字，其中 0表示「一點也不熱」，1表示「非常熱」。

Somewhat（x）：「x在熱點事物集中的成員資格」。這個謂詞表示 x「有點熱」的程度。同樣，這也可能是一個在 0到 1之間的數字。

在模糊邏輯中，對於命題「外面有點熱」，我們可以利用模糊邏輯中的 T-norms（如最小值運算）來描述這種語言的模糊性。

假設 `Hot（x）` 和 `Somewhat（x）` 均表示在 [0, 1] 範圍內

的模糊集合。`Hot（x）`是指「x很熱」，`Somewhat（x）`是指「x有點熱」。則「外面有點熱」這個命題的程度可以用最小值 T-norm 表示為 `min（Hot（x），Somewhat（x））`。這種方法可以將「Hot（x）」和「Somewhat（x）」兩種程度的模糊性結合在一起。

如果 `Hot（x）`的值為 0.7，表明外面是熱的程度為 0.7，而 `Somewhat（x）`的值為 0.3，表示「有點」的模糊程度為 0.3。那麼 `min（Hot（x），Somewhat（x））`就會是 0.3，這就意味著「外面有點熱」這個命題的模糊程度是 0.3。

這種方法可以使我們能夠以更精細的方式描述和處理語言的模糊性和不確定性。這就是模糊邏輯如何幫助我們解決這種問題。

符號邏輯徹底改變了我們推理複雜關係和開發世界正式模型的能力。它在數學、電腦科學和哲學等領域有許多應用，在今天是一個活躍的研究領域。

在數學中，符號邏輯允許對複雜的數學定理進行形式化和證明，並為集合論和範疇論等領域提供了基礎。在電腦科學中，符號邏輯被用於開發驗證電腦程序和算法正確性的形式化方法。

符號邏輯使哲學家能夠以精確和形式化的方式表示和分析複雜的邏輯關係，並為新邏輯系統的發展提供了基礎，例如模態邏輯和次一致邏輯。符號邏輯在可能世界理論和真理理論

等新哲學理論的發展中也發揮了作用。

　　符號邏輯有助於澄清和解決長期存在的哲學問題。例如，說謊者悖論，其中涉及一個斷言其自身虛假的句子（例如，「這句話是錯誤的」），幾個世紀以來一直是哲學辯論的主題。符號邏輯允許哲學家將悖論形式化並開發一系列解決方案，包括開發允許真值差距或真值過剩的可能性的非經典邏輯。

　　說謊者悖論（Liar Paradox）是一個經典的邏輯悖論，源於古希臘哲學家亞里士多德的「說謊者詭辯」（Liar Paradoxon）問題，後來被形式化地表述為：「我現在所說的話是假的。」

　　如果這個陳述是真的，那麼根據它的意義，這句話所描述的陳述就是假的；但是，如果這個陳述是假的，那麼又意味著這句話所描述的陳述應該是真的。因此，無論這個陳述是真的還是假的，都會引起矛盾。

　　這個悖論的本質在於它涉及「自指」（self-reference）的問題，即一個陳述中含有對自己的描述。自指問題一般情況下並不會引起矛盾，但當自指陳述本身與自身的真假有關聯時，就會產生悖論。

　　雖然說謊者悖論看起來是無解的，但是有一些哲學家和邏輯學家提出了一些解決方案，例如羅素的解決方案是限制自指的範圍，其他的解決方案還包括去情境化（decontextualize）和三價邏輯（ternary logic）等。

　　我們可以使用謂詞邏輯（predicate logic）來解決說謊者悖論。首先，我們需要把陳述中的句子符號化，假設用 P 表示「我現在

所說的話是假的」，那麼這個陳述就可以表示為：P

接下來，我們可以使用謂詞邏輯中的否定（negation）和真值賦值（truth value assignment）來解決這個悖論。假設我們用 ¬P表示 P的否定，即「我現在所說的話是真的」，那麼我們可以根據這兩個陳述構建真值表，如下圖所示：

P	¬P
True	False
False	True

我們可以看到，P和 ¬P都無法為真。這表明說謊者悖論是一個無解的悖論，即這個陳述既不能為真，也不能為假，因為它會導致邏輯矛盾。

符號邏輯的發展對人類的思想和探究產生了深遠的影響，使我們能夠更有效地推理並開發複雜系統的形式模型。它在現代數學、電腦科學和哲學的發展中發揮了重要作用。

除了對數學、電腦科學和哲學的影響外，符號邏輯在工程、語言學和人工智能等領域也有實際應用。

在工程中，符號邏輯已被用於設計和分析複雜系統，例如控制系統和數字電路。符號邏輯的使用允許工程師以精確和正式的方式指定這些系統的行為，並推斷它們的性能和效率。

在語言學中，符號邏輯被用來研究自然語言的結構和意

義。符號邏輯的形式系統，例如謂詞邏輯，已被用來表示句子的邏輯結構並分析其成分之間的關係。這導致了對語言中意義和指稱本質的新認識，並為語言處理計算模型的發展提供了基礎。

在人工智能中，符號邏輯已被用於開發可以在複雜環境中推理和學習的智能系統。符號邏輯允許這些系統以正式和精確的方式表示和操縱知識，並推理複雜的關係和依賴關係。

2. 命題邏輯：我喜歡你

　　著名物理學家霍金是超級英雄迷，他一直很佩服神奇女俠的力量和智慧。有一天，他被邀請參加一個超級英雄主題的慈善晚宴，神奇女俠也會出席。

　　霍金很興奮，決定在晚宴上向神奇女俠提出一些問題，考驗她的邏輯思維能力。他認為這樣可以和她建立一種智力上的聯繫，也可以展示自己的才華。他提前準備了 5個問題，每個問題都是一個陳述，要求神奇女俠判斷它是不是真正的命題。

　　晚宴開始，霍金找到了神奇女俠，向她自我介紹，並表示自己是她的忠實粉絲。神奇女俠很禮貌地回應了他，並對他的成就表示敬意。霍金很高興，他說：「我有一個小遊戲，不知道你有沒有興趣？」

　　神奇女俠微笑著說：「當然，我喜歡遊戲。你想玩什麼？」

　　霍金說：「我想給你 5個陳述，你要告訴我它們是不是真正的命題。你知道什麼是命題嗎？」

　　神奇女俠說：「當然，命題就是一個可以判斷真假的陳述。」

　　霍金說：「對，你真聰明。那麼我們開始吧。第一個陳述是：這個陳述是假的。」

　　神奇女俠皺了皺眉頭，說：「這個陳述不是真正的命題，

因為它自相矛盾。如果它是真的，那麼它就是假的；如果它是假的，那麼它就是真的。所以它既不真也不假。」

霍金點了點頭，說：「你答對了。這個陳述叫做悖論，它不能用邏輯來解決。好的，第二個陳述是：所有的超級英雄都穿著緊身衣。」

神奇女俠笑了笑，說：「這個陳述也不是真正的命題，因為它太模糊了。什麼叫做超級英雄？什麼叫做緊身衣？有些人可能認為某些人是超級英雄，而有些人不認為；有些人可能認為某些衣服是緊身衣，而有些人不認為。所以這個陳述不能用真假來判斷。」

霍金說：「你又答對了。這個陳述叫做偽命題，它沒有明確的定義或標準。第三個陳述是：如果今天下雨，那麼我就會帶傘。」

神奇女俠說：「這個陳述是真正的命題，因為它有一個明確的條件和結果。如果今天下雨了，並且你帶了傘，那麼這個陳述就是真的；如果今天下雨了，並且你沒有帶傘，那麼這個陳述就是假的；如果今天沒有下雨，並且你帶了傘或者沒有帶傘，那麼這個陳述也是真的。」

霍金說：「你再次答對了。這個陳述叫做條件命題，它用（如果......那麼......）來表示因果關係。好了，第四個陳述是：我喜歡你。」

神奇女俠臉紅了一下，說：「這個陳述也是真正的命題，因為它表達了你的感情或態度。如果你確實喜歡我，那麼這個

陳述就是真的；如果你不喜歡我或者對我沒有感覺，那麼這個陳述就是假的。」

霍金說：「你又答對了。這個陳述叫做主觀命題，它用我、你、我們等人稱代詞來表示主觀看法。最後一個陳述是：2+2=4。」

神奇女俠說：「這個陳述當然是真正的命題，因為它表達了一個數學或邏輯上的事實。無論在什麼情況下，2+2都等於4。」

霍金說：「你全部答對了！你真是太厲害了！我很佩服你！」

神奇女俠說：「謝謝你！你也很聰明！我很喜歡和你玩這個遊戲！」

霍金說：「那麼......我可以問你一個更私人的問題嗎？」

神奇女俠說：「當然可以。」

霍金說：「那個......第四個陳述......那個......」

神奇女俠說：「嗯？」

霍金說：「那個......那個......」

2.1 命題邏輯 Proposition Logic

　　命題邏輯，也稱為句子邏輯，是處理命題或陳述的符號邏輯的一個分支。命題是或為真或為假的陳述，例如「天空是藍色的」、「地球是平的」。命題邏輯提供了一種系統的方法來表示和評估命題之間的邏輯關係，並用於分析從自然語言和形式數學系統。命題邏輯的核心是關注命題的真值及其之間的邏輯關係。它提供了一套規則和符號，使我們能夠以精確和形式化的方式表示和操縱邏輯關係，並評估論證和推論的有效性。例如，命題邏輯允許我們確定「如果 P，則 Q；P；因此，Q」的論證在邏輯上是否有效，其中 P 和 Q 是命題。

　　命題邏輯的關鍵特徵之一是它使用符號表示法。在命題邏輯中，命題使用「P」、「Q」和「R」等符號以及「¬」（非）、「∧」（與）和「∨」（或）等邏輯運算符來表示用來表示命題之間的邏輯關係。例如，命題「天是藍的，草是綠的」可以用符號表示為「P∧ Q」，其中 P 代表命題「天是藍的」，Q 代表命題「草是綠的」。關於命題符號，下篇會有更多說明。

　　命題邏輯的另一個重要特徵是它能夠提供一種系統的方法來評估論證和推論。命題邏輯提供了一套用於評估論證有效性的規則和原則，例如肯定前件 modus ponens（「如果 P，則 Q；P；因此，Q」）和否定後件 modus tollens（「如果 P，則 Q；不是 Q；因此，不是 P」）。這些原則使我們能夠判斷一個論點在邏輯上

是否有效，而不管所涉及的命題的具體內容如何。

命題邏輯是表示和評估命題之間邏輯關係的強大工具。它使用符號符號和形式規則允許對邏輯關係進行精確和嚴格的分析，並導致對範圍廣泛的現象的重要洞察，從自然語言的結構到數學推理的基礎。因此，命題邏輯仍然是當代哲學及相關領域研究的重要領域。

以下示例進一步說明命題邏輯的使用：

1.「如果下雨，則街道是濕的」這個命題可以用符號表示為「P→ Q」，其中 P代表陳述「下雨」，Q代表陳述「街道是濕的」。這個命題可以用來評價「沒有下雨，所以街道不濕」等論證的有效性。

2.命題「要麼下雨，要麼陽光明媚」可以用符號表示為「P∨ Q」，其中 P代表陳述「在下雨」，Q代表陳述「陽光明媚」。這個命題可以用來評價諸如「沒有下雨，因此陽光明媚」等論證的有效性。

3.「如果霍金學習，則他將通過考試」這個命題可以用符號表示為「P→ Q」，其中 P代表陳述「霍金學習」，Q代表陳述「霍金將通過考試」。這個命題可以用來評估諸如「霍金沒有通過考試，因此，他沒有學習」等論證的有效性。

4.命題「所有人都會死」可以用符號表示為「∀x（Men（x）→ Mortal（x））」，其中 Men（x）表示「x是人」的陳述，而 Mortal（x）表示陳述「x終會死」。這個命題可以用來評價諸如「蘇格拉底是人，因此，蘇格拉底終會死」等論證的有效性。

5.「如果今天是工作日，那麼我必須工作」這個命題可以用符號表示為「P→ Q」，其中 P代表陳述「今天是工作日」，Q代表陳述「我必須工作」。該命題可用於評估諸如「我今天不必工作，因此不是工作日」等論證的有效性。

6.「如果天氣晴朗，我會去海灘」這個命題可以用符號表示為「P→ Q」，其中 P代表陳述「天氣晴朗」，Q代表陳述「我會去海灘」。該命題可用於評估諸如「我不去海灘，因此天氣不晴朗」等論證的有效性。

7.「所有的貓都是動物」可以用符號表示為「∀x（Cats（x）→ Animals（x））」，其中 Cats（x）表示語句「x是一隻貓」，Animals（x）表示陳述「x是動物」。該命題可用於評估諸如「加菲是貓，因此，加菲是動物」等論證的有效性。

8.「如果外面很冷，我會穿一件外套」這個命題可以用符號表示為「P→ Q」，其中 P代表陳述「外面很冷」，Q代表陳述「我會穿一件外套」。這個命題可以用來評價「我沒有穿外套，所以外面不冷」等論證的有效性。

9.「如果汽車無法啟動，就是電池就沒電了」這個命題可以用符號表示為「P→ Q」，其中 P代表陳述「汽車無法啟動」，Q代表陳述「電池沒電」。這個命題可以用來評估諸如「汽車啟動了，因此電池沒有耗盡」等論證的有效性。

這些示例演示了使用命題邏輯來表示範圍廣泛的上下文中命題之間的邏輯關係，從自然語言陳述到技術和科學命題。通過使用符號符號和形式規則來評估論證和推論，命題邏輯為分析邏輯關係的結構和提出有效和合理的論證提供了強大的工具。

2.2 命題邏輯符號

在命題邏輯中，有幾個基本概念和符號用來表示命題和命題之間的邏輯關係。這些概念和符號是命題邏輯的基石，為分析邏輯關係提供了系統的方法。

命題是非真即假的陳述，例如「天空是藍色的」或「2+2=5」。在命題邏輯中，命題多用字母或符號表示，例如「p」或「q」。例如，我們可以用字母「p」來表示命題「天空是藍色的」。

邏輯運算符是用來表示命題之間邏輯關係的符號。命題邏輯中使用了幾種邏輯運算符，包括否定、合取、析取、蘊涵和等價。

否定用符號「¬」表示，表示命題的相反或否定。例如，如果「p」代表命題「天空是藍色的」，那麼「¬p」代表這個命題的否定，即「天空不是藍色的」。

連詞用符號「∧」表示，表示兩個命題同時為真。例如，如果「p」代表命題「天是藍的」，「q」代表命題「草是綠的」，那麼「p∧q」就代表命題「天是藍的，草是綠的」。

析取用符號「∨」表示，表示兩個命題中至少有一個為真。例如，如果「p」代表命題「天是藍的」，「q」代表命題「草是綠的」，那麼「p∨q」代表命題「天是藍的或草是綠的」。

蘊涵用符號「→」表示，意思為一個命題蘊含另一個命題。例如，如果「p」代表命題「天空是藍色的」，「q」代表命題「現在是白天」，那麼「p→ q」代表命題「如果天空是藍色的，那麼現在是白天」。

　　等價用符號「↔」表示，表示兩個命題在邏輯上等價。例如，如果「p」表示命題「天空是藍色的」，「q」表示命題「海洋是藍色的」，那麼「p↔ q」表示命題「天空是藍色的當且僅當（ if and only if) 海洋是藍色的」是藍色的」。

　　括號：括號在命題邏輯中用於將命題組合在一起並指示運算順序。以邏輯表達式「p∧ q∨ r」為例，我們可以使用括號來明確運算順序，例如「(p∧ q) ∨ r」或「p∧ (q∨ r)」。括號對於構建準確表示命題之間邏輯關係的複雜邏輯表達式是必不可少的。

2.3 命題邏輯基本概念：党是正確的

重言式 Tautologies和矛盾式 Contradictory formula

重言式是一個始終為真的命題，無論其組成命題的真值如何。例如，表達式「p∨ ¬p」是重言式，因為無論「p」是真還是假，它總是真。

例句：党是正確的，因為党一定是正確的。矛盾式是始終為假的命題，無論其組成命題的真值如何。例如，表達式「p∧ ¬p」是一個矛盾，因為無論「p」是真還是假，它總是假的。例句：如果一個人是男人，那麼他一定不是男人。重言式和矛盾式是命題邏輯中的重要概念，使我們能夠識別始終為真或始終為假的邏輯表達式。

邏輯等價 Equivalence

邏輯等價描述了兩個命題何時在意義上是等價的。如果兩個命題的組成命題的真值的所有可能組合都具有相同的真值，則稱這兩個命題在邏輯上是等價的。例如，表達式「p∧ q」和「q∧ p」在邏輯上是等價的，因為它們對於「p」和「q」的所有可能真值組合都具有相同的真值。例句：

1.非（狗是動物且狗會飛）等價於（狗不是動物或狗不會飛）。

2.非（今天天氣晴朗或明天天氣晴朗）等價於（今天天氣陰雨或明天天氣陰雨）。

第二定律析取定律 De Morgan（Disjunction Law）

指出析取的否定等價於其組成命題的否定的合取。這可以表示為 ¬（p∨q）≡ ¬p∧ ¬q。例句：

如果今天不下雨或不颳風，我就會去散步。

這個命題表示，只要不下雨或不颳風中的至少一個條件不成立，我就會去散步。按照德摩根定律，它等價於：

如果今天下雨且颳風，我就不會去散步。

條件證明和間接證明

條件證明和間接證明是命題邏輯中兩種重要的證明方法。條件證明是一種證明方法，涉及假設一個命題為真，然後證明第二個命題從中得出。這種方法常用於證明蘊含式。

間接證明則是一種證明方法，涉及假定命題的否定，然後證明從中得出矛盾。這種方法通常用於通過證明其否定為假來證明命題為真。

命題演算

命題演算是命題邏輯的形式系統，它使用符號和推理規則從現有命題中推導出新命題。命題演算用於數學、電腦科學和其他領域，以研究邏輯系統的屬性並開發自動推理的算法。

真值表

　　真值表是一種根據其組成命題的真值來系統地評估命題表達式真值的方法。真值表由一個表組成，列出了組成命題的真值的所有可能，以及每個組合的整個表達式的相應真值。

　　例如，表達式「p∧ q」的真值表將列出「p」和「q」真值的所有可能組合，以及每個組合的表達式真值。真值表是基於命題邏輯評估論證和推論有效性的有力工具，可用於判斷給定論證是否有效。

P	Q	P ∧ Q
True	True	True
True	False	False
False	True	False
False	False	False

　　真值表 truth table 和邏輯等價是命題邏輯中的基本概念，它們使我們能夠評估複雜邏輯表達式的真值，並確定兩個表達式何時具有相同的含義。

　　如上述所言，真值表列出了邏輯表達式的組成命題的真值的所有可能組合，以及每個組合的整個表達式的相應真值。

　　讓我們看一個真值表的例子。考慮邏輯表達式「（p∧ q）。∨ ¬r」。我們可以使用真值表來評估這個表達式對於組成命題「p」、「q」和「r」的所有可能真值組合的真值。該表達式的真值表如下所示：

p	q	r	p $\wedge$ q	¬r	(p $\wedge$ q) $\vee$ ¬r
True	True	True	True	False	True
True	True	False	True	True	True
True	False	True	False	False	False
True	False	False	False	True	True
False	True	True	False	False	False
False	True	False	False	True	True
False	False	True	False	False	False
False	False	False	False	True	True

在這個真值表中，列代表組成命題「p」、「q」和「r」，以及中間表達式「p∧q」和「¬r」，以及最終表達式「（p∧q）∨¬r」。這些行表示組件命題的真值的所有可能組合。

為了評估每一行的真值，我們根據該行中組成命題的真值，在表達式中從左到右應用邏輯運算符。例如，在第一行中，「p」和「q」都為真，所以「p∧q」為真。「r」也是真的，所以「¬r」是假的。最後，「（p∧q）∨¬r」為真，因為其中一個分量為真。我們對所有可能的真值組合重複這個過程，並在最後一列中記錄整個表達式的真值。

以下用一個以愛情關係為例的命題，用來說明命題（p∧q）∨¬r：

如果安安和文文互相信任，並且彼此忠誠，安安和文文就可以建立長久的愛情關係。但是，如果有一方不信任另一方，或者出現了不忠的行為，他們的關係就會受到破壞。

其中，p表示「安安和文文互相信任」，q表示「安安和文文彼此忠誠」，r表示「有一方不信任另一方或出現不忠的行為」。（p∧q）表示「安安和文文互相信任且彼此忠誠」，¬r表示「沒有一方不信任另一方或出現不忠的行為」，（p∧q）∨¬r表示「安安和文文可以建立長久的愛情關係」。

這個命題的意義是，只有在雙方互相信任、忠誠且沒有出現不信任或不忠的情況下，安安和文文的愛情關係才會長久穩定，否則關係就會遭到破壞。

邏輯等價

　　邏輯等價是命題邏輯中的重要概念，它描述了兩個表達式何時在意義上是等價的。如果兩個表達式對於其組成命題的真值的所有可能組合具有相同的真值，則稱這兩個表達式在邏輯上是等價的。

　　以「¬（p∧q）」和「¬p∨¬q」為例，這些表達式在邏輯上是等價的，因為它們對於「p」和「q」的所有可能真值組合具有相同的真值。我們可以使用真值表來證明這一點：

p	q	p ∧ q	¬(p ∧ q)	¬p	¬q	¬p ∨ ¬q
True	True	True	False	False	False	False
True	False	False	True	False	True	True
False	True	False	True	True	False	True
False	False	False	True	True	True	True

　　在這個真值表中，我們列出了「p」和「q」所有可能的真值組合，以及中間表達式「p∧q」、「¬（p∧q）」、「¬p」、

「¬q」，以及最後的表達式「¬p∨ ¬q」。我們可以看到表達式「¬（p∧ q）」和「¬p∨ ¬q」的真值對於「p」和「q」的所有可能真值組合都是相同的。因此，我們可以得出結論，這些表達式在邏輯上是等價的。

再以安安和文文的愛情為例子，來說明命題 ¬（p∧ q）和 ¬p∨ ¬q：

如果安安和文文彼此信任，並且都忠於對方，那麼安安和文文的愛情關係就會長久穩定。但是，只要有一方出現了不信任或不忠的行為，安安和文文的關係就會破裂。

其中，p表示「安安信任文文」，q表示「文文信任安安」，¬（p∧ q）表示「安安和文文至少有一方不信任另一方」；¬p表示「安安不信任文文」，¬q表示「文文不信任安安」，¬p∨ ¬q表示「安安和文文至少有一方不信任另一方」。

這個命題的意義是，只有在安安和文文互相信任、忠誠且沒有出現不信任或不忠的情況下，他們的愛情關係才會長久穩定，否則關係就會破裂。而 ¬（p∧ q）和 ¬p∨ ¬q是等價的，它們表達了相同的含義。

命題邏輯是表示和分析命題之間邏輯關係的有力工具。通過使用邏輯運算符、真值表、重言式和矛盾、邏輯等價、德摩根定律、條件證明、間接證明和命題演算等概念，我們可以構造複雜的邏輯表達式並評估論證和推論的有效性。命題邏輯的研究對於培養強大的批判性思維能力和理解邏輯推理的原則至關重要。

2.4 真值表、邏輯等價和推銷

　　命題邏輯、真值表和邏輯等價在數學、電腦科學、哲學和語言學等各個領域都有廣泛的應用。讓我們來看看如何使用這些概念的一些現實生活中的例子。

　　電路設計：命題邏輯廣泛用於電路設計，以分析和優化電子電路的性能。通過將電路的各種組件表示為命題並使用真值表評估描述電路行為的表達式的真值，工程師可以更高效、更準確地設計和測試複雜電路。

　　電腦科學：在電腦科學中，命題邏輯用於分析電腦程序的行為並開發自動推理算法。通過將程序行為表示為邏輯表達式並使用真值表來評估程序邏輯的有效性，電腦科學家可以更有效地識別和糾正錯誤。

　　語言學：命題邏輯也用於語言學，以分析自然語言的結構並識別語言使用的模式。通過將語言結構表示為邏輯表達式並使用真值表來評估語言命題的真值，語言學家可以更深入地了解支配語言使用的規則。

　　哲學：在哲學中，命題邏輯用於分析論證和識別推理中的謬誤。通過將論證表示為邏輯表達式並使用真值表來評估論證的有效性，哲學家可以加深對邏輯推理原理的理解，並增強他們分析複雜論證的能力。

營銷和廣告：命題邏輯也用於營銷和廣告，以分析消費者行為並製定有效的營銷策略。通過將消費者偏好和購買行為表示為邏輯命題並使用真值表來評估這些命題的真值，營銷人員可以開發更有可能引起消費者共鳴的有針對性的廣告活動和產品供應。

命題邏輯、真值表和邏輯等價在各個領域都有廣泛的應用，從電路設計和電腦科學到語言學、哲學和市場營銷。通過使用這些概念來分析複雜問題並評估論證和推論的有效性，我們可以加深對邏輯推理原理的理解，並將其應用於現實世界。

以下是一些命題邏輯的應用例子：

電路設計：考慮一個由兩個開關和兩個燈泡組成的電路，只有當兩個開關都打開時，燈泡才會點亮。我們可以使用命題邏輯來表示這個電路，如下：

「p」代表命題「開關 1 打開」

「q」代表命題「開關 2 打開」

「r」代表命題「兩個開關都打開」

「s」代表命題「兩個燈泡都打開」

使用這種表示，我們可以將電路的行為表示為：

「$(p \wedge q) \rightarrow (s \wedge r)$」，這意味著如果兩個開關都打開，那麼兩個燈泡都會點亮。對於「p」、「q」、「r」、「s」真值的所有可能組合，我們可以使用真值表來評估該表達式的真值，並確保電路按預期運行。

語言學：考慮「人皆有死」這句話。我們可以使用命題邏

輯來表示這個句子，如下所示：

·「p」代表命題「x是人」

·「q」代表命題「x終會死」

使用這種表示，我們可以將句子表達為表達式「∀ x（p→q）」，這意味著對於所有 x，如果 x 是人，則 x 終會死去。我們可以使用真值表來評估這個表達式對於「x」的所有可能值的真值，並確保句子在邏輯上是正確的。

哲學：考慮「所有人都會死。蘇格拉底是人。因此，蘇格拉底會死」的論點。我們可以使用命題邏輯來表示這個論點，如下所示：

·「p」代表命題「x是人」

·「q」代表命題「x終會死」

·「s」代表命題「蘇格拉底是人」

使用這種表示，我們可以將論證表達為表達式「（p→q）∧ s→ q」，這意味著如果所有人都會死，而蘇格拉底是人，那麼蘇格拉底也會死。對於「p」、「q」、「s」的所有可能真值組合，我們可以使用真值表來評估這個表達式的真值，並確保論證有效。

營銷和廣告：考慮旨在推廣新產品的營銷活動。我們可以使用命題邏輯來表示活動的目標受眾，如下所示：

「p」代表命題「消費者對產品感興趣」

「q」代表命題「消費者有經濟能力購買產品」

「r」代表命題「消費者重視質量勝過價格」

使用這種表示，我們可以將活動的目標受眾表示為：
「p∧q∧r」，這意味著消費者對產品感興趣，有經濟能力購買它，並且重視質量而不是價格。我們可以使用一個真值表來評估這個表達式的真值對於「p」、「q」和「r」的所有可能真值組合，並開發更有可能引起共鳴、有針對性的廣告信息和產品與目標受眾。以下是 P、Q、R 的基本真值表：

P	Q	R
T	T	T
T	T	F
T	F	T
T	F	F
F	T	T
F	T	F
F	F	T
F	F	F

在這個表中，T代表真，F代表假。表中的每一行代表 P、Q、R 的真值的不同組合。因為有三個變量，每個變量可以取兩個可能的值（真或假），所以有 2^3 = 8 種不同的真值組合。

這些例子說明了命題邏輯、真值表和邏輯等價是如何在廣泛的現實生活中使用的，從電路設計和語言學到哲學和市場營銷。通過使用這些概念來表示和分析複雜問題並評估論證和推論的有效性，我們可以更深入地理解邏輯推理的原則，並將其

應用於解決現實世界的問題。無論我們是在設計電子電路、分析語言結構、評估論證和推論，還是製定營銷策略，命題邏輯、真值表和邏輯等價都為我們提供了強大的工具來表示、分析和推理複雜問題並做出正確的決策基於邏輯原則。

命題邏輯、真值表和邏輯等價的概念是更高級的邏輯和推理形式（如謂詞邏輯、模態邏輯和模糊邏輯）的基本構建塊。通過掌握這些基本概念，我們可以發展必要的技能和知識來解決更複雜的問題，並做出更複雜的邏輯推理。

命題邏輯為我們提供了一個強大的框架來表示和分析邏輯命題，而真值表和邏輯等價性使我們能夠評估邏輯表達式的真值並確定兩個表達式何時在邏輯上等價。這些概念在各個領域都有廣泛的應用，掌握它們對於在邏輯推理方面打下堅實的基礎以及根據邏輯原則做出正確的決策至關重要。

2.5 牛頓也要服從：命題邏輯的定律

　　邏輯定律是命題邏輯中的基本概念，支配著邏輯命題的行為，並允許我們根據邏輯原則進行推理。這些定律和定理為我們提供了一套規則和指導方針，我們可以使用它們進行邏輯推理並評估論證和推論的有效性。讓我們仔細看看一些最重要的邏輯定律和定理，並通過示例來說明它們的用途。

不矛盾定律 Law of noncontradiction

　　是邏輯學中最基本、最重要的定律之一。它指出，一個命題不能在同一時間和同一意義上既為真又為假。換句話說，一個命題及其否定不能同時為真。該定律對於邏輯推理以及評估論證和推論的有效性至關重要。

　　為了更好地理解不矛盾定律，讓我們考慮一些例子：

1.「貓在墊子上」不能在同一時間和同一意義上既是真又是假。如果貓在墊子上，那麼「貓不在墊子上」這個命題一定是假的。

2.「2+2=4」不能同時在同一意義上同時為真和假。如果2+2等於4，那麼「2+2不等於4」這個命題一定是假的。

3.「下雨了」不能在同一時間和同一意義上既是真又是假。如外面正在下雨，那麼「外面沒有下雨」這個命題一定是假的。

4.「蘋果是紅的」不能在同一時間和同一意義上既是真又是假。如果蘋果是紅的，那麼「蘋果不是紅的」這個命題一定是假的。

在這些例子中的每一個中，不矛盾定律都適用。如果一個命題是真的，那麼它的否定一定是假的。如果一個命題是假的，那麼它的否定一定是真的。

不矛盾定律對於邏輯推理和評估論證和推論的有效性至關重要。這條定律不僅在邏輯領域很重要，在數學、科學、哲學等其他領域也是必不可少的。不矛盾定律為理性思考和根據邏輯原則做出正確決策提供了基礎。

同一律 Law of identity

是邏輯中的基本概念，它指出一個命題為真當且僅當（if and only if）它與自身相同。換句話說，如果一個命題符合現實，它就是真的。該定律對於邏輯推理和評估論證和推論的有效性很重要。

要更好地理解身份法則，考慮以下一些例子：

1.「天空是藍色的」當且僅當天空實際上是藍色的時候才是真的。命題與自身相同並符合現實。

2. 當且僅當 2+2等於 4時，「2+2=4」為真。該命題與其自身相同且符合現實。

3. 當且僅當約翰實際上比瑪麗高時，「約翰比瑪麗高」為真。命題與自身相同並符合現實。

在每一個例子中，同一律都適用。如果一個命題符合現實並且與自身相同，那麼它就是真的。

同一律對於邏輯推理和評估論證和推論的有效性至關重要。沒有這條定律，我們就無法知道一個命題是否為真。如果一個命題與自身不相同或不符合現實，那麼它就不能被認為是正確的。

同一律在數學、科學和哲學等其他領域也很重要。它為理性思考和根據邏輯原則做出正確決策提供了基礎。通過理解身份法則，我們可以培養邏輯推理和評估論證和推論有效性所必需的技能和知識。

同一律是邏輯的基本原則，通常被認為是理所當然的，但它在我們有效推理和溝通的能力中起著至關重要的作用。同一性法則的核心是關於真理和現實的本質的陳述。它指出，如果一個命題符合現實，那麼它就是真的。換句話說，一個命題是正確的，當且僅當它準確地描述了世界的本來面目。

為了更深入地理解身份法則，我們可以探索它的一些含義和應用：

1. 同一性法則意味著事物具有固定的性質。比如樹就是樹，不能是別的東西。我們可以依賴事物以一致且可預測的方式運行，使我們能夠對未來做出可靠的預測和計劃。

2.身份法則還使我們能夠區分不同的對象和概念。例如，我們可以區分椅子和桌子，因為它們具有不同的身份，即使它們有一些相似之處。

3.在數學中，同一律對於定義數字和其他數學概念至關重要。例如，數字 5被定義為包含五個元素的所有集合的集合。這個定義是基於 5與其自身相同，並且對應於世界上的特定數量。

4.身份法則在科學中也很重要，它被用來提出假設並根據經驗證據檢驗它們。如果一個假設為真，那麼它應該與證據相對應，並且在不同的實驗和觀察中它應該與自身相同。

同一律是我們對真理、現實和知識的大部分理解的基礎。

如果我們要確定一個命題是否正確，我們需要確保它符合現實並且與自身相同。這意味著我們需要仔細定義我們的術語，使用清晰準確的語言，避免歧義和混淆。

假設有人說「所有的貓都是動物」。要評估此聲明，我們需要明確定義了「貓」和「動物」這兩個詞，並且該聲明準確描述了世界的本來面目。如果我們接受「貓」的定義是一種有四條腿和一條尾巴的馴化哺乳動物，而「動物」的定義是一種非植物的活生物體，那麼我們可以判斷這個說法是正確的，因為它對應於現實並與自身相同。

另一方面，如果有人說「有些貓不是動物」，我們可以使用同一律來評估其有效性。如果我們像以前一樣接受「貓」和「動物」的相同定義，那麼我們可以看出這種說法是錯誤的，因為它與同一律相矛盾。一個命題不能在同一時間和同一意義上同時為真和假。

同一律對於理解身份本身的概念也很重要。在邏輯中，身份被定義為對象與其自身之間的關係。例如，一把椅子的身份就是椅子和它自己之間的關係。這種關係是自反的，意味著每個對像都與其自身相同。它也是傳遞的，意思是如果 A等同於 B且 B等同於 C，則 A等同於 C。

　　簡單來說，同一律指的是如果一個命題是真的，那麼它和它自己相等的命題也是真的；同樣地，如果一個命題是假的，那麼它和它自己相等的命題也是假的。這可以用以下符號表示：

p≡ p

　　其中符號「≡」表示「等價於」。這條公式表示了命題 p 和它自己等價，即它們意義相同。如果 p是一個真命題，那麼 p≡ p也是真的；如果 p是一個假命題，那麼 p≡ p也是假的。

　　同一律可以應用於命題邏輯的推理過程中，例如將一個複雜的命題化簡成更簡單的形式。例如，如果我們有一個命題「A 或（A且 B）」，我們可以使用同一律將它化簡為「A」。

　　這是因為無論 B 的值為真還是假，只要 A 為真，那麼「A 或（A且 B）」的整體結果就會為真。因此可以將此表達式簡化為「A」。

　　在邏輯符號表示中，「A或（A且 B）」可以寫成「A ∨ (A ∧ B)」，經過簡化後可以寫成 「A」。

　　同一律是邏輯的基本原則，它是我們大部分推理和交流的基礎。通過認識到它的重要性並將其應用於我們的論點和探究，我們可以對真理、現實和知識有更深入的理解。

排中律 Law of excluded middle

指出一個命題是真或是假，沒有第三種選擇。換句話說，真理與謬誤之間沒有中間地帶。該定律對於邏輯推理以及評估論證和推論的有效性至關重要。

考慮以下例子：

1. 「硬幣將落在正面或反面」是遵循排中律的命題的一個例子。命題非真即假，沒有其他可能。

2. 「外面正在下雨」是遵循排中律的命題的另一個例子。命題非真即假，沒有其他可能。

3. 「2+2=5」是一個不符合排中律的命題，因為它不會是真或假，而是完全不正確。

在每個例子中，排中律都適用。一個命題不是真就是假，這兩個選項之間沒有中間地帶。

排中律對於邏輯推理以及評估論證和推論的有效性也是至關重要。沒有這條定律，我們就無法知道一個命題是真還是假。如有第三種選擇，那麼我們就無法明確判斷一個命題的真假。

排中律在數學、科學和哲學等其他領域也很重要。它為理性思考和根據邏輯原則做出正確決策提供了基礎。通過理解排中律，我們可以培養邏輯推理所需的技能和知識，並評估論證和推論的有效性。

如果我們要確定一個命題是否正確，我們需要確保它是對還是錯，並且沒有中間立場或第三種選擇。這意味著我們需要避免含糊或模棱兩可的語言，並且我們的陳述需要清晰準確。

例如，假設「外面正在下雨」這個命題為真。它的否定句「外面沒有下雨」是錯誤的。這兩個提議之間沒有中間立場或第三種選擇。

　　又例如，假設有人聲稱「現在天氣很好」。要評估這一說法，我們需要確定它是對還是錯，沒有中間立場。我們可以通過查看天氣預報、觀察外面的天氣或諮詢其他也經歷過今天天氣的人來評估這種說法。如果天氣晴朗宜人，則聲明為真，但如果有暴風雨，則聲明為假。沒有中間立場或第三種選擇。

　　另一方面，如果有人聲稱「現在天氣不錯」，這種說法不是遵循排中律，因為它在好與不好之間存在中間立場或第三種選擇。這種說法含糊不清，難以評估其有效性。

　　在邏輯中，真理被定義為命題與現實之間的對應關係。如果一個命題符合現實，那麼它就是真的，如果它不符合現實，那麼它就是假的。沒有中間立場或第三種選擇。

　　排中律是邏輯的基本原則，也是大部分推理和交流的基礎。除了對評估論證和命題的影響外，排中律在數學和電腦科學中也有重要應用。它構成了二進制邏輯的基礎，而二進制邏輯便是數字電子學和計算的基礎。

　　在二進制邏輯中，所有操作都基於排中律，輸入和輸出為真或假（1或0）。這允許表示和處理信息以及創建複雜的邏輯電路和系統。

　　例如，在電燈開關的簡單邏輯電路中，開關不是開就是關。沒有中間立場或第三種選擇。開關可以用二進制邏輯表示

為 1或 0、真或假。這種二進製表示允許將開關合併到更大的邏輯電路和系統中，這些邏輯電路和系統可以執行複雜的任務，例如控制建築物中的照明或操作電腦。

排中律對於理解否定的概念很重要，否定是反轉命題真值的邏輯運算。如果命題為真，則其否定為假，如果命題為假，則其否定為真。沒有中立場或第三種選擇。

歷史上許多著名的哲學家和邏輯學家都承認排中律。最早使用它的例子之一可以在古希臘哲學家亞里士多德的著作中找到。亞里士多德在他的著作《範疇》中寫道，「矛盾之間沒有中間地帶」，從而將排中原理確立為邏輯學的基本定律。

17世紀的哲學家和數學家勒內·笛卡爾（René Descartes）也廣泛使用了排中律，用它發展了他著名的懷疑方法。笛卡爾認為，任何不容懷疑的事物都必然是真實的，因為它不是真就是假，沒有中間。

排中律在 19世紀末 20世紀初符號邏輯的發展中也發揮了重要作用。德國數學家和哲學家戈特洛布弗雷格利用排中原理發展了他的邏輯系統，成為現代邏輯學的基礎。奧地利哲學家路德維希維特根斯坦在他的邏輯著作中也使用了排中原理，認為所有有意義的命題都必須為真或假。

物理學家維爾納海森堡在他的不確定性原理中使用了排中原理，該原理指出不可能同時知道粒子的位置和速度。海森堡認為不確定性原理是排中原理的結果，因為粒子的位置和速度不可能在同一時間和同一意義上同時為真和假。

排中律的另一個例子可以在法律領域找到。在法律訴訟中，法官和陪審團必須確定被告是否有罪。沒有中間立場或第三種選擇——被告一是有罪，一是無罪。

排中律在哲學領域也很重要，尤其是在形而上學中。許多形而上學的辯論都圍繞著某些命題的真假。例如，「上帝存在」這個命題不是真就是假，沒有中間地帶。同樣，「現實最終是物理的」這個命題不是對，就是錯，沒有中間地帶。將排中律應用於這些命題，哲學家可以評估它們的有效性並得出關於現實本質的結論。

排中律也與倫理辯論有關。許多道德困境涉及在兩個相互排斥的選項之間做出選擇。例如，在某種情況下選擇說謊或說真話，沒有中間地帶。同樣，在某些情況下，殺與不殺的選擇不是對就是錯，沒有中間立場。通過在這些道德困境中認識到排中律，我們可以做出更明智和理性的決定。

肯定前件 Modus ponens

是邏輯和數學中常用的演繹論證形式。它是一種簡單直接的論證形式，允許人們從兩個前提得出結論。論證形式如下：

前提 1：如果 P 則 Q

前提 2：P

結論：因此，Q

在這種論證形式中，第一個前提是一個條件語句，即如果 P 為真，則 Q 也必須為真。第二個前提斷言 P 確實為真。從

這兩個前提，我們可以得出結論，Q也必須為真。

請看以下例子：

前提 1：如果正在下雨，那麼地面是濕的。

前提 2：正在下雨。

結論：因此，地面是濕的。

在這個例子中，第一個前提是一個條件語句，即如果正在下雨，那麼地面一定是濕的。第二個前提是確實在下雨。從這兩個前提，我們可以得出結論，地面也一定是濕的。

在數學中可以找到 modus ponens的另一個例子：

前提 1：如果 x=2，則 x+3=5。

前提 2：x=2。

結論：因此，x+3=5。

在這個例子中，第一個前提是一個條件語句，斷言如果 x 等於 2，則 x+3必須等於 5。第二個前提聲明 x確實等於 2。從這兩個前提，我們可以得出 x+3必須等於 5的結論。

Modus ponens的另一個數學例子：

前提 1：如果 x+3=7，則 x=4。

前提 2：x+3=7。

結論：因此，x=4。

在此示例中，第一個前提是條件語句，如果 x+3=7，則 x 必須等於 4。第二個前提是 x+3確實等於 7。從這兩個前提下，我們可以有效地推斷出，x必須等於 4。

Modus ponens允許我們從條件語句中做出有效的推論。它

被廣泛應用於許多領域，從科學和工程到法律和哲學。通過理解和運用這種論證形式，我們可以對真理和推理有更深刻的理解，做出更準確可靠的推論。

除了上面給出的示例之外，modus ponens還可以用於許多其他情況。例如，考慮以下論點：

前提 1：如果溫度降至冰點以下，水就會結冰。

前提 2：溫度已降至冰點以下。

結論：水結冰了。

這是 modus ponens的另一個例子，因為我們可以根據給定的兩個前提有效地推斷水已經結冰。類似地，modus ponens可用於法律推理，如以下論證：

前提 1：如果有人犯罪，他們就應該受到懲罰。

前提 2：阿強犯了罪。

結論：阿強應該受到懲罰。

這個論點也是 modus ponens的一個例子，因為我們可以根據給定的兩個前提有效地推斷約翰應該受到懲罰。

Modus ponens也可以應用於現實生活中，例如婚姻中。考慮以下論點：

前提 1：如果兩個人相愛，就應該結婚。

前提 2：安安和文文彼此相愛。

結論：安安和文文應該結婚。

這個論點是 modus ponens的一個例子，因為我們可以根據給定的兩個前提有效地推斷安安和文文應該結婚。在這種情況

下，第一個前提是一個條件語句，斷言如果兩個人彼此相愛，他們就應該結婚。第二個前提是聲明約翰和簡確實彼此相愛。從這兩個前提，我們可以有效地推斷約翰和簡應該結婚。

當然，這種說法並不是說所有相愛的人都應該結婚。做出這樣的決定時需要考慮很多因素，最終由相關個人決定婚姻是否適合他們。然而，該論證確實說明瞭如何在日常生活中使用modus ponens來根據一組前提做出有效的推論。

先決條件是一種多功能的論證形式，可以應用於許多不同的情境，包括婚姻等現實生活中的情境。通過理解和應用這種論證形式，我們可以培養更強的推理能力，並得出更準確可靠的結論。

不定後件 Modus tollens

Modus tollens允許我們在條件語句的結果的否定為真時，推斷前提條件的否定，結構如下：

前提 1：如果 P，則 Q。

前提 2：不是 Q。

結論：因此，不是 P。

第一個前提是一個條件語句：如果 P為真，則 Q也必須為真。第二個前提是斷言 Q為不正確的陳述。從這兩個前提，我們可以有效地推斷 P也一定不為真。

舉例說明：

前提 1：如果某人已婚，則他們有配偶。

前提 2：安安沒有配偶。

結論：因此，安安沒有結婚。

在這個論證中，第一個前提是一個條件陳述：如果某人已婚，那麼他們必須有配偶。第二個前提斷言約翰沒有配偶。從這兩個前提，我們可以有效地推斷安安沒有結婚。

這個論點可以用來解釋離婚的過程。如果一對夫婦離婚了，就意味著他們不再是結婚了。使用 modus tollens，我們可以推斷，如果某人沒有配偶，那麼他們就沒有結婚。在離婚的情況下，第二個前提是該人不再有配偶，結論是他們沒有婚姻關係。

Modus tollens廣泛應用於許多領域，從科學和工程到法律和哲學。通過理解和運用這種論證形式，我們可以對真理和推理有更深刻的理解，做出更準確可靠的推論。

進一步說明 modus tollens，請考慮以下與醫學診斷相關的示例：

前提 1：如果一個人患有某種疾病，他會表現出某些症狀。

前提 2：患者沒有表現出這些症狀。

結論：因此，患者沒有患某種病。

在這個例子中，第一個前提是一個條件語句：如果一個人患有某種疾病，那麼他們將表現出某些症狀。第二個前提是患者沒有表現出這些症狀。從這兩個前提，我們可以有效地推斷，患者沒有患某種病。

在執法方面也可以找到 modus tollens的例子：

前提 1：如果某人犯了某些罪，他們將表現出某些行為。

前提 2：嫌疑人沒有表現出這些行為。

結論：因此，嫌疑人沒有犯某些犯罪。

在這個例子中，第一個前提是一個條件語句：如果某人犯了某些罪，那麼他們將表現出某些行為。第二個前提斷言嫌疑人沒有表現出這些行為。從這兩個前提，我們可以有效地推斷出嫌疑人無罪。

Modus tollens是使我們能夠根據條件語句做出有效的推論，廣泛應用於許多領域，包括科學、工程、法律、哲學和日常生活。通過理解和應用這種論證形式，我們可以培養更強的推理能力，並得出更準確可靠的結論。

Modus tollens的其他示例：

前提 1：如果下雨，地面會濕。

前提 2：地面不濕。

結論：因此，沒有下雨。

前提 1：如果有人年滿 18歲，他可以投票。

前提 2：此人不能投票。

結論：此人未滿 18歲。

前提 1：如果一個人對花生過敏，吃了花生就會出現過敏反應。

前提 2：此人吃了花生後沒有過敏反應。

結論：此人對花生不過敏。

這些示例展示了 Modus tollens如何應用於各種情況，從天氣模式到醫療診斷再到投票資格。通過理解和應用這種論證形式，我們可以培養更強的推理能力，並得出更準確可靠的結論。

德摩根定律 De Morgan's laws

是數理邏輯中的一個基本定律，它指出兩個命題的逆否命題相等，兩個命題的否定命題相等。對於兩個命題 P和 Q，德摩根定律可以用以下兩個等式來表達：

（¬P∧¬Q）⇔¬（P∨Q）（兩個命題的否定命題相等）

（¬P∨¬Q）⇔¬（P∧Q）（兩個命題的逆否命題相等）

其中，符號「∧」代表邏輯中的「與」，符號「∨」代表邏輯中的「或」，符號「¬」代表邏輯中的「非」，表示取反。

這些定律以英國數學家 Augustus De Morgan的名字命名，他在 19世紀提出了這些定律。

要更好地理解德摩根定律，可考慮以下例子：

示例 1：

前提：阿弟不高和不瘦。（¬（Tall（Dee）∧ Thin（Dee）））

前提否定：約翰要麼高，要麼瘦。（Tall（Dee）∨ Thin（Dee）））

在這個例子中，我們可以應用德摩根第一定律將前提的否定重寫為其組成命題的否定的析取。這表示，如果「阿弟不高和不瘦」是假的，那麼「阿弟高或者瘦」必然是真的。

示例 2：

前提：球不是紅色就是藍色。（Red（Ball）∨ Blue（Ball））

前提否定：球既不是紅色也不是藍色。（¬Red（Ball）∧ ¬Blue（Ball））

根據德摩根的第二定律，¬（P∨ Q）等價於 ¬P∧ ¬Q。所以，¬（Red（Ball）∨ Blue（Ball））等價於 ¬Red（Ball）∧ ¬Blue（Ball）。這表示，如果「球不是紅色就是藍色」是假的，那麼「球既不是紅色也不是藍色」必然是真的。

這些示例說明了如何通過將連詞轉換為析取並將析取轉換為連詞，使用德摩根定律來簡化複雜的邏輯表達式。通過理解和應用這些定律，我們可以培養更強的推理能力，做出更準確可靠的推論。

再以下示例以政治背景說明德摩根定律：

示例 1：

前提：候選人要麼贏得選舉，要麼輸掉選舉。

前提否定：候選人沒有贏得選舉，也沒有輸掉選舉。

在這個例子中，我們可以應用德摩根第二定律將前提的否定重寫為其組成命題的否定的合取。這說明「候選人要麼贏得選舉要麼輸掉選舉」的否定，在邏輯上等同於「候選人沒有贏得選舉也沒有輸掉選舉」。

示例 2：

前提：政府要麼增加稅收，要麼減少支出。

前提否定：政府不會增加稅收，也不會減少支出。

在這個例子中，我們可以應用德摩根第二定律將前提的否定，重寫為其組成命題的否定的合取。由此可見，否定「政府要麼增稅要麼減少支出」在邏輯上等同於「政府既不加稅也不減少支出」。

這些例子說明了如何應用德摩根定律來簡化政治中的邏輯表達。通過理解和運用這些規律，我們可以培養更強的推理能力，在政治上做出更準確可靠的推論。

德摩根定律不僅適用於政治實例，也適用於各種邏輯陳述和系統。例如，它們通常用於電腦科學，以簡化數字電路設計和編程中的複雜表達式。

德摩根定律如何應用於日常生活的另一個例子是在決策過程中。當面臨涉及多個選項和因素的複雜決策時，我們可以使用德摩根定律來簡化我們的分析，並更有效地權衡選項。

德摩根定律還可以應用於購買決策中，幫助我們理解產品或服務之間的關係，以及比較不同選擇的優缺點。以下是一些例子：

1. 選擇房屋——如果我們正在考慮購買一棟房子，可能需要考慮房子的面積、位置、價格等因素。使用德摩根定律，我們可以將這些因素表達為以下等價陳述：

如果我們想擁有更大的房子，我們需要增加預算或選擇較遠的位置。

如果我們想減少預算，我們需要選擇較小的房子或較遠的

位置。

這些等價陳述可以幫助我們理解不同房屋選擇之間的關係，並幫助我們做出更明智的決策。

2. 購買汽車——假設我們正在考慮購買一輛汽車，我們可能需要考慮車型、品牌、價格等因素。使用德摩根定律，我們可以將這些因素表達為以下等價陳述：

如果我們想擁有更好的汽車，我們需要選擇高端品牌或較高價格的車型。

如果我們想減少花費，我們需要選擇較低價格的車型或較低端的品牌。

這些等價陳述可以幫助我們比較不同汽車選擇之間的優缺點，並根據自己的需求和預算做出更明智的決策。

這些示例展示了如何應用德摩根定律來簡化複雜的邏輯表達式和決策制定。通過理解和應用這些規律，我們可以培養更強的推理能力，並在生活的各個領域做出更準確可靠的推論。

通過了解它們如何支配邏輯命題的行為，我們可以培養進行邏輯推理和評估論證和推論有效性所必需的技能和知識。邏輯定律和定理為我們提供了一個強大的工具集來識別命題何時是矛盾的，從前提中得出有效的結論，並簡化複雜的表達式。

$3.$ 謂詞邏輯 Predicate Logic

神奇女俠與霍金正在討論一個問題：「如果所有的神祇都是不死的，並且所有的超能英雄都是神祇，那麼，所有的超能英雄是否都是不死的？」

為了解決這個問題，神奇女俠與霍金使用了謂詞邏輯的符號來表示與分析前提和結論。

1. 首先，我們將問題的前提表示為謂詞邏輯的形式：

所有的神祇都是不死的。這可以表示為：

$\forall x (G (x) => I (x))$

在這裡，「$\forall$」是一個全稱量詞，表示「對所有的」。「G（x）」表示「x是一個神祇」，「I（x）」表示「x是不死的」，「=>」是一個謂詞邏輯中的連接詞，表示「如果 ...則 ...」。所以，整個語句可以讀作「對所有的 x，如果 x是神祇，則 x是不死的」。

所有的超能英雄都是神祇。這可以表示為：

$\forall x (H (x) => G (x))$

這裡的「H（x）」表示「x是一個超能英雄」。所以，這個語句可以讀作「對所有的 x，如果 x是超能英雄，則 x是神祇」。

2. 然後，他們需要證明的結論是：所有的超能英雄都是不

死的。這可以表示為：

$\forall x (H(x) => I(x))$

這個語句可以讀作「對所有的 x，如果 x 是超能英雄，則 x 是不死的」。

3. 為了證明這個結論，他們假設存在一個超能英雄 h。根據前提，我們知道 h 也是神祇：

$(H(h) => G(h))$

如果 h 是神祇，那麼 h 是不死的：

$(G(h) => I(h))$

因此，如果 h 是超能英雄，那麼 h 是不死的：

$(H(h) => I(h))$

這正是我們想要證明的結論。

4. 所以，他們可以得出結論：根據給定的前提，所有的超能英雄都是不死的。

在他們的謂詞邏輯討論之後，神奇女俠與霍金一起慶祝他們成功解決了這個問題，並對謂詞邏輯的強大感到驚嘆。

3.1 量詞和變量：安安愛文文

　　謂詞邏輯是命題邏輯的擴展，允許對對象及其屬性進行更複雜的陳述。在謂詞邏輯中，語句由謂詞和量詞組成，謂詞是將一個或多個對像作為輸入的函數，量詞則表示謂詞的範圍。

　　謂詞邏輯中有兩個主要的量詞：全稱量詞（∀），表示「對於所有」，以及存在量詞（∃），表示「存在」。這些量詞用於對給定域中的所有或部分對象進行陳述。

　　例如，「所有的狗都有四條腿」這句話，在謂詞邏輯中可以表示為∀ x（Dog（x）→ FourLegs（x）），其中 Dog（x）是將 x定義為狗的謂詞，FourLegs（x）是將 x定義為狗的謂詞有四條腿。全稱量詞∀表示該陳述適用於狗領域的所有對象。

　　考慮「存在一個喜歡比薩餅的人」這一陳述。該語句可以用謂詞邏輯表示為∃ x（Person（x）∧ LikesPizza（x）），其中 Person（x）是將 x定義為人的謂詞，LikesPizza（x）是將 x定義為人的謂詞喜歡披薩。存在量詞∃表示該陳述適用於人領域中的至少一個對象。

　　這些示例說明了如何使用量詞來對給定域中的所有或部分對象進行陳述。在日常生活中，我們無時無刻不在使用量詞和謂詞。例如：

　　「所有汽車都有輪子」在謂詞邏輯中，可以表示為∀ x

（Car（x）→ Wheels（x））。

「有些人喜歡冰淇淋」在謂詞邏輯中，可以表示為∃ x（Person（x）∧ LikesIceCream（x））。

「沒有貓是狗」在謂詞邏輯中，可以表示為∀ x（Cat（x）→ ¬Dog（x））。

我們可以使用謂詞邏輯和量詞，對對象及其屬性做出更精確、更細緻的陳述。這在數學、電腦科學和哲學等領域尤其有用，在這些領域中，精確和嚴格的推理至關重要。

謂詞邏輯除了基本的量詞∀和∃外，還包括變量、函數、謂詞等其他幾個重要的概念和符號。

謂詞邏輯中的變量用於表示所討論域中的對象。例如，在語句「所有的狗都有四隻腿」中，變量 x表示狗域中的任何對象。變量通常用小寫字母表示，例如 x、y或 z。

謂詞邏輯中的函數用於將一個或多個對象映射到域中的另一個對象。例如，函數「square（x）」可用於表示對數字 x求平方的運算。函數通常用大寫字母表示，例如 F、G或 H。

謂詞邏輯中的謂詞用於表達域中對象之間的屬性或關係。例如，謂詞「Greater（x,y）」可用於表示兩個數字 x和 y之間的關係，其中 x大於 y。謂詞通常用大寫字母表示，後跟括號中的一個或多個參數，例如 P（x）、Q（x,y）或 R（x,y,z）。

量詞、變量、函數和謂詞都可以組合成謂詞邏輯中的複雜語句。例如，考慮語句「對於每個正數 x，存在一個正數 y使得 y小於 x」。這個語句在謂詞邏輯中可以表示為∀ x（Positive （x）→∃y（Positive（y）∧LessThan（y,x）））·其中Positive（x）是將 x定義為正數的謂詞，LessThan（y,x）是將 y定義為小於 x 的謂詞，量詞表示該語句適用於所有正數 x和某個正數 y。

以下是一些命題邏輯的例子：

1. 所有人類都會死。這是一個典型的命題，其主詞是人類，謂詞是會死。這個命題表達了一個普遍真實的事實，即所有人類都會死。

2. 一些狗是黑色的。這也是一個普通命題，其主詞是狗，謂詞是是黑色的。這個命題表達了一個部分真實的事實，即存在一些黑色的狗。

3. 沒有人喜歡被嘲笑。這是一個否定命題，其主詞是人，謂詞是喜歡被嘲笑。這個命題表達了一個普遍真實的事實，即沒有人喜歡被嘲笑。

4. 所有的女性都是母親。這是一個錯誤的命題，其主詞是女性，謂詞是是母親。這個命題的問題在於它將女性和母親等同起來，忽略了女性和母親之間的區別和差異。

5. 一些人都不會駕駛。這是一個普通命題，其主詞是人，謂詞是不會駕駛。這個命題表達了一個部分真實的事實，即存在一些不會駕駛的人。

用謂詞邏輯符號去表示：

1. 所有人類都會死亡。使用謂詞邏輯符號表示為：

$\forall x（Hx \to Dx）$

其中，Hx表示 x是人類，Dx表示 x會死亡，符號「→」表

示「如果 ......那麼」。

2. 一些狗是黑色的。使用謂詞邏輯符號表示為：

∃x（Dx∧ Bx）

其中，Dx表示 x是狗，Bx表示 x是黑色的，符號「∧」表示「且」。

3. 沒有人喜歡被嘲笑。使用謂詞邏輯符號表示為：

¬∃x（Px∧ Lx）

其中，Px表示 x是人，Lx表示 x喜歡被嘲笑，符號「¬」表示「非」。

4. 所有的女性都是母親。使用謂詞邏輯符號表示為：

∀x（Fx→ Mx）

其中，Fx表示 x是女性，Mx表示 x是母親。

5. 一些人都不會駕駛。使用謂詞邏輯符號表示為：

∃x（Px∧ ¬Dx）

其中，Px表示 x是人，Dx表示 x會駕駛，符號「¬」表示「非」。

這些例子展示了如何使用謂詞邏輯符號表示命題中的主詞和謂詞，以及命題之間的邏輯關係。這種符號表示法可以使命題更加精確和清晰，方便進行邏輯推理和分析。

在語言學中，謂詞邏輯用於分析自然語言句子的結構，並將單詞和短語的含義形式化。例如，句子「安安愛文文」John loves Mary」。讓我們首先定義以下謂詞：

L（x, y）：「x loves y」（x愛 y）

使用謂詞邏輯，我們可以將「安安愛文文」表示為：

L（安安,文文）

「L」表示謂詞「愛」，「安安」是表示主語的變量，「文文」是表示賓語的變量。因此，「安安愛文文」的陳述以謂詞「L」應用於變量「安安」和「文文」的形式表達出來。

在哲學中，謂詞邏輯用於分析和形式化論證和命題，尤其是在倫理學、形而上學和認識論領域。例如，著名的反對上帝存在的論證可以使用謂詞邏輯和量詞來形式化，以表達論證的前提和結論。

謂詞邏輯是命題邏輯的擴展，允許對對象及其屬性進行更複雜的陳述。它使用謂詞（將一個或多個對像作為輸入的函數）和量詞（指示謂詞的範圍）來對給定域中的所有或部分對象進行陳述。

理解謂詞邏輯的概念和符號以及如何使用它們來做出精確和嚴格的陳述是很重要的。此外，練習將復雜的論點和陳述分解成它們的組成部分（例如謂詞和量詞）有助於更好地理解它們的結構和含義。

謂詞邏輯和命題邏輯的主要區別在於，謂詞邏輯可以表達涉及謂詞、變量和量詞的更複雜的陳述，而命題邏輯只能處理具有固定真值的簡單陳述。例如，在命題邏輯中，你可以說「下雨了」或「沒有下雨」，但你不能說「某些地方下雨了」或「總是下雨」。但在謂詞邏輯中，你可以使用像 R（x）這樣的謂詞來表示「在 x處下雨」，使用像 x這樣的變量來代表

任何地方，使用像∃或∀這樣的量詞來表示「存在」或「對所有」。然後表達像∃x R (x) 或∀x R (x) 這樣的陳述，它們比命題陳述更一般和信息豐富。謂詞邏輯還可以通過使用函數和關係的符號來捕捉命題邏輯無法捕捉的許多論證的結構。例如，論證「所有人都是會死的。蘇格拉底是人。因此，蘇格拉底是會死的。」可以用符號∀x (H (x) → M (x)), H (s) ⊢ M (s)來表示，其中H是謂詞「是人」，M是謂詞「會死的」，而 s是常量「蘇格拉底」。這個論證在謂詞邏輯中是有效的，因為它遵循了推理規則。

3.2 量詞和變量：所有鳥都會飛

要把謂詞邏輯寫得更好，理解謂詞邏輯的概念和符號以及如何使用它們來做出精確和嚴格的陳述是很重要的。此外，將複雜的論證和陳述分解成它們的組成部分，例如謂詞和量詞，有助於更好地理解它們的結構和含義。量詞和變量是謂詞邏輯中的重要概念，它們使我們能夠以精確和嚴格的方式表達關於對象及其屬性的陳述。除了量詞和變量之外，謂詞邏輯還涉及謂詞的使用，謂詞是表示對象之間的屬性或關係的表達式。謂詞可以與量詞和變量組合以形成可以評估真假的複雜陳述。

謂詞邏輯中最常見的兩個量詞是全稱量詞（∀）和存在量詞（∃）。其他不太常見的量詞包括唯一存在量詞（∃！）和有界量詞（例如∀x<5和∃x>3）。

謂詞邏輯中的變量通常用小寫字母表示，可以表示域中的任何對象。變量的例子包括：

x：代表一個人

y：代表汽車

z：代表一個城市

使用這些變量的謂詞示例：

Loves（x,y）：x喜歡y（例如城城喜歡他的車）

LocatedIn（y,z）：y位於z（例如柴灣位於香港島）

HasColor（x,「green」）：x的顏色為綠色（例如，草是綠色的）

帶有變量和量詞的謂詞的其他示例：

x∈ R, ∃ y∈ R, y>x

對於每個實數 x，存在一個大於 x的實數 y。

x∈ P, ∀ y∈ P, x∩ y=x

在集合 P中存在一個集合 x，使得 x與 P中任何其他集合 y 的交集就是 x本身。

x∈ S, ∀ y∈ S,（x≠ y→ R（x,y））

對於集合 S中的所有 x和 y，如果 x不等於 y，則 x和 y之間 存在關係 Ry。

在表達複雜的想法時，使用清晰簡潔的語言也很重要，並 儘可能避免歧義和模糊，請看以下謂詞邏輯的例子：

1.「所有質數都是奇數。」

P（x）：「x是質數」

O（x）：「x是奇數」

使用謂詞邏輯，我們可以表示「所有質數都是奇數」為：

∀ x（P（x）=> O（x））

這裡，「∀」表示全稱量詞，表示「對於所有」，「P（x）」表示謂詞「x是質數」，「O（x）」表示謂詞「x 是奇數」。所以，這個陳述表示對於所有的 x，如果 x 是 質數，則 x 也是奇數，即質數都是奇數。

2.「有些哺乳動物會產卵。」

M（x）：「x是哺乳動物」

O（x）：「x會產卵」

使用謂詞邏輯，我們可以表示「有些哺乳動物會產卵」為：

∃x（M（x）∧O（x））

這裡，「∃」是存在量詞，表示「存在一些」，「M（x）」表示謂詞「x是哺乳動物」，「O（x）」表示謂詞「x會產卵」。因此，這個陳述表示存在至少一個x，它同時是哺乳動物且會產卵，即有些哺乳動物會產卵。

3.「如果一個學生努力學習，他們就會取得好成績。」

S（x）：「x是學生」

E（x）：「x努力學習」

G（x）：「x取得好成績」

使用謂詞邏輯，我們可以表示「如果一個學生努力學習，他們就會取得好成績」為：

∀x（S（x）∧E（x）=>G（x））

這裡，「∀」是全稱量詞，表示「對於所有」，「S（x）」表示謂詞「x是學生」，「E（x）」表示謂詞「x努力學習」，「G（x）」表示謂詞「x取得好成績」。因此，這個陳述表示對於所有的x，如果x是學生且努力學習，則x會取得好成績，即學生努力學習就會取得好成績。

4.「有些人不開心。」

P（x）：「x是人」

U（x）：「x不開心」

使用謂詞邏輯，我們可以表示「有些人不開心」為：

∃x（P（x）∧U（x））

這裡，「∃」為存在量詞，表示「存在一些」，「P（x）」表示謂詞「x是人」，「U（x）」表示謂詞「x不開心」。因此，這個陳述表示存在至少一個x，它同時是人且不開心，即有些人不開心。

5.「所有的狗都有尾巴。」

D（x）：「x是狗」

T（x）：「x有尾巴」

使用謂詞邏輯，我們可以表示「所有的狗都有尾巴」為：

∀x（D（x）=>T（x））

這裡，「∀」為全稱量詞，表示「對於所有」，「D（x）」表示謂詞「x是狗」，「T（x）」表示謂詞「x有尾巴」。因此，這個陳述表示對於所有的x，如果x是狗，則x有尾巴，即所有的狗都有尾巴。

6.「沒有動物可以同時飛行和游泳。」

A（x）：「x是動物」

F（x）：「x可以飛行」

S（x）：「x可以游泳」

使用謂詞邏輯，我們可以表示「沒有動物可以同時飛行和游泳」為：

¬∃x（A（x）∧F（x）∧S（x））

這裡，「¬」表示否定，「∃」表示存在量詞，表示「存

在一些」，「A（x）」表示謂詞「x是動物」，「F（x）」表示謂詞「x可以飛行」，「S（x）」表示謂詞「x可以游泳」。因此，這個陳述表示不存在一個 x，它同時是動物且可以飛行和游泳，即沒有動物可以同時飛行和游泳。

7.「停車場有一輛紅色的車。」

P（x）：「x是停車場」

C（x）：「x是車」

R（x）：「x是紅色的」

使用謂詞邏輯，我們可以表示「停車場有一輛紅色的車」為：

$\exists x（P（x）\land C（x）\land R（x））$

這裡，「∃」表示存在量詞，表示「存在一些」，「P（x）」表示謂詞「x是停車場」，「C（x）」表示謂詞「x是車」，「R（x）」表示謂詞「x是紅色的」。因此，這個陳述表示存在至少一個 x，它同時是停車場、車且是紅色的，即停車場有一輛紅色的車。

8.「所有經常鍛煉的人都很健康。」

P（x）：「x是人」

E（x）：「x經常鍛煉」

H（x）：「x很健康」

使用謂詞邏輯，我們可以表示「所有經常鍛煉的人都很健康」為：

$\forall x（P（x）\land E（x）=> H（x））$

這裡，「∀」表示全稱量詞，表示「對於所有」，「P

（x）」 表示謂詞「x是人」，「E（x）」 表示謂詞「x經常鍛煉」，「H（x）」 表示謂詞「x很健康」。因此，這個陳述表示對於所有的 x，如果 x 是人且經常鍛煉，則 x 很健康，即所有經常鍛煉的人都很健康。

9.「有一本書既浪漫又神秘。」

B（x）：「x是一本書」

R（x）：「x是浪漫的」

M（x）：「x是神秘的」

使用謂詞邏輯，我們可以表示「有一本書既浪漫又神秘」為：

$\exists x（B（x）\wedge R（x）\wedge M（x））$

這裡，「∃」 表示存在量詞，表示「存在一本」，「B（x）」表示謂詞「x是一本書」，「R（x）」表示謂詞「x是浪漫的」，「M（x）」 表示謂詞「x是神秘的」。因此，這個陳述表示存在至少一本 x，它同時是一本書，且它是浪漫的和神秘的，即有一本書既浪漫又神秘。

10.「所有的鳥都有羽毛，都能飛翔。」

B（x）：「x是鳥」

F（x）：「x能飛翔」

H（x）：「x有羽毛」

使用謂詞邏輯，我們可以表示「所有的鳥都有羽毛，都能飛翔」為：

$\forall x（B（x）=> H（x）\wedge F（x））$

這裡，「∀」表示全稱量詞，表示「對於所有」，「B（x）」表示謂詞「x是鳥」，「H（x）」表示謂詞「x有羽毛」，「F（x）」表示謂詞「x能飛翔」。因此，這個陳述表示對於所有的 x，如果 x 是鳥，則 x 同時有羽毛且能飛翔，即所有的鳥都有羽毛，都能飛翔。

以上這些示例展示了如何使用謂詞邏輯來表達關於對象及其屬性的各種陳述。通過使用謂詞邏輯中的符號和推理規則，我們可以對域中對象的關係和屬性進行精確和嚴格的陳述。

數學以外的應用

這些示例也展示了謂詞邏輯在表達域中對象的複雜關係和屬性方面的多功能性。通過使用謂詞、變量、量詞和邏輯連接詞，我們可以對我們周圍的世界做出精確而嚴謹的陳述。以下是一些如何在數學以外的其他領域使用量詞和變量的示例：

在語言學：

∀x（Dog（x）→ Barks（x））

這句話表述所有的狗都會吠叫。

在哲學：

∃x（存在主義（x）∧∃y（哲學家（y）∧ Created（x,y）））

這個陳述表明存在至少一個哲學家發起的存在主義運動。

在電腦科學：

∀x（ProgrammingLanguage（x）→ HasCompiler（x））

該語句表示對於所有編程語言，它們都有一個編譯器。這

可以用來分析和比較不同的編程語言。

在心理學：

∃ x（Patient（x）∧∃ y（Psychiatrist（y）∧ Treats（x,y）））

這個陳述表示存在一名患者正在接受至少一名精神病醫生的治療。這可用於研究不同治療方法對精神健康障礙的有效性。

在政治學：

∀ x（Country（x）→ HasConstitution（x））

這個陳述說對於所有國家來說，它們都有憲法。這可用於比較不同國家存在的不同形式的政府和法律框架。

3.3 關係和函數

　　關係和函數是謂詞邏輯中的重要概念，它們使我們能夠以精確和嚴格的方式表達對象之間的關係。關係是一組有序的對像對，而函數是一種特殊的關係，其中每個輸入恰好對應一個輸出。

　　在謂詞邏輯中，關係和函數通常使用一個或多個變量作為輸入的謂詞來表示。例如，謂詞 Likes（x,y）可以表示 x喜歡 y的關係，其中 x和 y是可以表示域中任何對象的變量。類似地，謂詞 IsParentOf（x,y）可以表示 x是 y的父級的關係。

　　關係論中的一個重要概念是自反性、對稱性和傳遞性。如果每個對像都與自身相關，則稱關係 R是自反的；如果對於每個對象 x、y使得 x與 y相關，y也與 x相關，則稱其為對稱關係；對於每個對象 x、y和 z，如果 x與 y相關，y與 z相關，則 x與 z 相關。例如，關係 IsParentOf（x,y）是可傳遞的，因為如果 x是 y的父對象且 y是 z的父對象，則 x也是 z的父對象。

　　另一方面，函數是一種特殊的關係，其中每個輸入恰好對應一個輸出。換句話說，如果（x,y）和（x,z）都在函數中，則 y 和 z必須相同。可以使用具有兩個變量的謂詞來表示函數，例如 F（x,y），其中 x表示輸入，y表示輸出。例如，謂詞 Square（x,y）可以表示對數字進行平方的函數，其中 x是輸入，y是輸出。

關係和函數為表示對象之間的複雜關係和為各種現實世界現象建模提供了強大的工具。它們廣泛應用於各種領域，包括數學、電腦科學和語言學。了解這些概念對於任何想要使用謂詞邏輯及其應用程序的人來說都是必不可少的。

除了關係和函數之外，謂詞邏輯還涉及使用量詞和變量來表達關於這些概念的陳述。例如，語句：

∀ x∀ y（IsParentOf（x,y）→ IsAncestorOf（x,y））

這個表達式可以解釋為「對於所有的 x 和 y，如果 x 是 y 的父母，則 x 是 y 的祖先」。

讓我們來解釋其中的謂詞：

IsParentOf（x, y）：表示「x 是 y 的父母」的謂詞。

IsAncestorOf（x, y）：表示「x 是 y 的祖先」的謂詞。

而「→」符號表示蘊含關係，即「如果......，則 ......」。這個表達式表示「如果 x 是 y 的父母，則 x 是 y 的祖先」。

因此，這個表達式使用全稱量詞「∀」來表示對於所有的 x 和 y，如果 x 是 y 的父母，則 x 是 y 的祖先。這意味著這個蘊含關係對於所有可能的 x 和 y 都成立。也就是說，如果一個人是另一個人的父母，則他們也是其祖先。

另一個例子是：

∃ x∀ y（Likes（x,y））

這個表達式可以解釋為「存在一個 x，對於所有的 y，x 喜歡 y」。

讓我們來解釋其中的謂詞：

Likes（x, y）：表示「x 喜歡 y」的謂詞。

而「∃」和「∀」分別表示存在量詞和全稱量詞：

∃ x：表示存在一個 x。

∀ y：表示對於所有的 y。

因此，這個表達式表示存在一個 x，對於所有的 y，x 喜歡 y。這意味著存在至少一個個體 x，對於所有的個體 y，x 喜歡 y。換句話說，存在某個人（x），他喜歡所有的事物（y）。這個表達式描述了一種可能存在的關係，其中某個人喜歡每一個事物。

3.4 復仇者聯盟 × 變種人

　　集合是數學和邏輯中的一個重要概念，它允許我們根據共享屬性或特徵將對象組合在一起。集合被定義為不同對象的集合，可以是從數字到字母再到更抽象的概念的任何東西。

　　在討論集合之前，先說明一下集合的基本符號：{ }是元素（elements）的集合；∈是屬於，即元素與集合之間的隸屬關係；⊂是包含於，即集合與集合之間的隸屬關係；∩是交集，A∩ B表示既在 A，又在 B的元素所成的集合；∪是聯集，A∪ B表示所有 A的元素與所有 B的元素所成的集合，而沒有其他元素的集合。

　　集合的關鍵屬性之一是它們由其元素定義。例如，集合{1,2,3}由元素 1、2和3組成，而集合 {a,b,c}由元素 a、b和 c組成。集合也可以使用元素共享的屬性來定義，例如所有偶數的集合或所有素數的集合。

　　集合的另一個重要屬性是它們是無序的，這意味著元素列出的順序無關緊要。例如，集合 {1,2,3}與集合 {3,1,2}相同，因為它們都包含相同的元素。

　　集合可以使用集合運算組合，例如並集、交集和補集。兩個集合 A和 B的並集是 A或 B或兩者中所有元素的集合，記為 A∪ B。兩個集合 A和 B的交集是 A和 B中所有元素的集合，

記為 A∩ B。集合 A的補集是所有不在 A中的元素的集合，記為 A'。

例如，A={1,2,3}和 B={2,3,4}。那麼 A∪ B={1,2,3,4}，因為兩個集合中的所有元素都包括在內。A∩ B={2,3}，因為這些是兩個集合中的元素。A的補碼是 A'={4}，因為 4是唯一不在 A中的元素。

集合也可以使用集合構建器符號來描述，這涉及使用元素的屬性或特徵來定義集合。例如，所有偶數的集合可以定義為{x|x是一個偶數}，而所有小於10的正整數的集合可以定義為{x|x是正整數且 x<10}。

集合及其屬性為基於共享特徵或屬性組織和操作對象提供了強大的工具。它們廣泛應用於數學、電腦科學和其他領域，對於理解邏輯和推理的基礎至關重要。

集合及其屬性也可用於描述和分析現實世界的情況。例如，讓我們考慮一項關於大學生最喜歡的音樂類型的調查。我們可以使用集合來表示調查結果，每個集合代表選擇特定類型音樂作為他們最喜歡的學生。

假設 A是選擇搖滾音樂的一組學生，B是選擇嘻哈音樂的一組學生，C是選擇鄉村音樂的一組學生。我們可以使用集合來分析這些集合之間的關係。例如，我們可以找到 A和 B的並集來確定喜歡搖滾或嘻哈音樂的學生集合。或者，我們可以找到 A和 C的交集來確定同時喜歡搖滾和鄉村音樂的學生集合。

集合屬性也可以用來分析更複雜的情況。例如，一個用戶

可以有多個社交網絡。我們可以使用集合來表示網絡，每個集合代表特定的朋友。

如果我們知道 Alice是 Bob和 Charlie的朋友，Bob是 Alice和 Dave的朋友，我們可以使用集合操作，來確定 Alice和 Bob之間的共同朋友集合。我們可以求集合 {Bob,Charlie}和 {Bob,Dave}的交集，確定 Dave和 Bob的共同好友就是集合 {Alice}。

集合及其屬性是一種多功能工具，用於描述和分析廣泛的現實世界情況，從社交網絡到調查再到許多其他環境。通過使用集合來組織和操作數據，我們可以更深入地了解我們周圍世界的潛在關係和結構。

集合是基於共享特徵或屬性組織和操作對象的強大工具。它們由它們的元素定義，並且可以使用集合運算（例如並集、交集和補集）進行組合。集合屬性對於理解邏輯和推理的基礎至關重要，它們在現實世界中有大量應用。

例如，集合可用於表示調查數據、社交網絡和其他複雜情況。在對大學生最喜歡的音樂類型的調查中，集合可以代表選擇特定音樂類型的學生。在用戶有多個朋友的社交網絡中，集合可以代表特定用戶的朋友。

集合運算可用於分析集合之間的關係。例如，兩個集合的並集可用於確定屬於任一集合的對象集合，而兩個集合的交集可用於確定屬於兩個集合的對象集合。集合屬性可用於分析更複雜的情況，例如在社交網絡中查找兩個用戶之間的共同朋友。

與集合相關的另一個重要概念是子集的概念。子集是僅包含也在另一個集合（稱為超集中）中的元素的集合。例如，設 A為集合 {1,2,3}，B為集合 {1,2,3,4,5}。我們說 A是 B的子集，表示為 A⊆B，因為 A中的所有元素（即 1、2和 3）也都在 B中。

邏輯子集的概念可以用來描述不同類型的角色、能力、團隊和事件之間的關係。以下是一些子集應用的例子：

1. 角色分類子集：

在漫威宇宙中，可以將角色分為不同的子集。例如，所有的英雄角色可以組成一個大的集合，其中又可以劃分為不同子集，如變種人、神祇、外星人等。這可以幫助我們更好地理解角色的歸屬和特點。

2. 能力子集：

漫威角色擁有各種超能力，這些能力可以分為不同的子集。例如，所有能力的集合可以劃分為精神能力、物理能力、元能力等子集。這種分類有助於研究角色之間的相似性和差異。

3. 團隊子集：

漫威宇宙中有許多英雄團隊，它們可以分為不同的子集。例如，所有團隊的集合可以劃分為復仇者聯盟、X戰警、神盾局等子集。這種劃分有助於分析不同團隊之間的關係和合作。

4. 事件子集：

漫威宇宙中的事件可以按照其性質和影響劃分為不同子

集。例如，所有事件的集合可以分為宇宙尺度事件、地球尺度事件、個體尺度事件等子集。通過這種分類，我們可以研究事件之間的相互影響，以及它們對角色和故事的影響。

邏輯子集的應用有助於更好地理解角色、能力、團隊和事件之間的關係。它為我們提供了一個組織和分析這個龐大宇宙的有效方法。

我們可以用數學符號來表示漫威宇宙中的角色子集。首先，我們定義一個角色集合，用符號 R表示。

R={所有漫威宇宙角色 }

然後，我們可以將這個集合劃分為不同的子集，例如：

H={英雄角色 }

V={反派角色 }

N={中立角色 }

H、V和N分別代表英雄、反派和中立角色的子集。接下來，我們可以繼續細分這些子集。

以英雄子集為例，可以將其細分：

X={變種人英雄 }

A={復仇者成員 }

G={銀河守護者成員 }

S={神祇英雄 }

E={外星人英雄 }

這裡，X、A、G、S和E分別表示變種人英雄、復仇者成員、

銀河守護者成員、神祇英雄和外星人英雄的子集。

　　子集的符號表示可以幫助我們瞭解不同角色類型之間的關係。例如，我們可以表示英雄子集 H是漫威宇宙角色集合 R的子集：

H⊆R

同樣，我們可以表示變種人英雄子集X是英雄子集H的子集：

X⊆H

　　這些符號表示法有助於我們更好地分析和理解漫威宇宙中角色之間的關係和組成。

　　集合屬性也可以用來證明數學定理和解決問題。例如，設A、B和 C為集合。為了說明這個集合恆等式，我們將使用超級英雄的角色作為例子。假設有以下三個角色集合：

A={具有超強力量的角色}

B={具有飛行能力的角色}

C={具有心靈感應能力的角色}

　　首先，我們計算 B∪ C，即具有飛行能力或心靈感應能力的角色集合：B∪ C={鋼鐵俠，神奇女俠，鷹眼，蟻人，Marvel隊長，鳳凰女，金剛狼}

　　接下來，我們計算 A∩（B∪ C），這表示同時具有超強力量和（飛行能力或心靈感應能力）的角色集合：A∩（B∪ C）={神奇女俠，Marvel隊長，鳳凰女}

　　現在，我們分別計算 A∩ B和 A∩ C：A∩ B={神奇女俠，Marvel隊長}（具有超強力量和飛行能力的角色）;A∩ C={鳳凰

女 }（具有超強力量和心靈感應能力的角色）

最後，我們計算（A∩B）∪（A∩C），這是具有超強力量和飛行能力的角色，或具有超強力量和心靈感應能力的角色的聯集：

（A∩B）∪（A∩C）={神奇女俠，Marvel隊長，鳳凰女 }

可以看到，A∩（B∪C）和（A∩B）∪（A∩C）的結果是相同的，都是 {神奇女俠，Marvel隊長，鳳凰女 }。這證明了恆等式 A∩（B∪C）=（A∩B）∪（A∩C）成立。

通過使用集合性質和關於子集和集合操作的推理，我們可以以嚴謹和系統的方式證明數學定理和解決問題。集合論及其屬性對於理解數學和邏輯的基礎至關重要，它們在從電腦科學到哲學的廣泛領域中有大量應用。

4. 歸納推理

　　神奇女俠和霍金共同研究世界健康問題，特別是體重和健康之間的關係。為了達成目標，他們決定進行一個調查，收集來自世界各地的數據並分析結果。

　　首先，霍金開始收集數據。他查看了來自各國的數據，包括人口的平均體重和該國的平均壽命。他注意到了一個趨勢：體重在一定範圍內（即不過重也不過輕）的國家，其平均壽命似乎都比體重偏高或偏低的國家長。

　　同時，神奇女俠利用她的真言套索來問診醫生和營養學家：「保持適中體重是否有助於長壽？」，她得到了肯定的回答。

　　通過將這些信息結合起來，霍金和神奇女俠進行了歸納推理。他們得出的結論是：保持適中的體重可以促進健康並有可能延長壽命。然而，他們也了解到這種推理有其限制，因為他們只是在觀察中發現了一種模式，而沒有直接證明體重是影響健康和壽命的唯一因素。他們認識到健康是一種由許多因素共同決定的狀態，包括飲食、運動、基因等等。

　　神奇女俠和霍金從觀察現象，到收集數據，再到據此提出假設，顯示了科學研究的過程，也顯示了歸納推理的力量。然而，即使最好的歸納推理也可能有限制，需要通過更多的研究和實證證據來驗證。

4.1 羅素的雞

歸納推理是一種邏輯推理，涉及根據特定觀察或示例進行概括。與從一般原則到具體事例的演繹推理不同，歸納推理是從具體事例到一般原則。

歸納推理的主要挑戰之一是它總是不確定和不完整。無論我們觀察到多少具體實例，總有可能出現例外或新實例來挑戰或推翻我們的概括。因此，歸納推理通常與統計分析或其他假設檢驗方法結合使用，以量化和管理不確定性。

歸納推理用於許多不同的領域，從科學和醫學到社會科學和市場營銷。例如，在科學研究中，歸納推理用於根據觀察或實驗數據提出假設。科學家可能會觀察其數據中的模式或趨勢，然後使用歸納推理來制定有關潛在機制或原因的假設。

歸納推理也常用於分析消費者行為和制定營銷策略。營銷人員可以觀察消費者偏好或購買模式的趨勢，並使用歸納推理來識別可以為他們的營銷決策提供信息的模式或共性。

歸納推理的主要優點是使我們能夠從具體的例子或觀察中產生新的知識和見解。通過系統地觀察和分析具體實例，我們可以得出概括性結論，幫助我們更好地理解和預測複雜現象。

然而，歸納推理總是不確定的，並且會被修正。我們必須願意根據新的證據或反例修改我們的概括，並且我們必須意識

到我們結論的局限性和不確定性。

歸納推理是邏輯推理中的一個強大工具。與從一般原則到具體事例的演繹推理不同，歸納推理是從具體事例到一般原則。這是我們使用觀察、數據和證據來對我們周圍的世界進行概括或假設的過程。

歸納推理使我們能夠從具體的例子或觀察中產生新的知識和見解。通過系統地觀察和分析具體實例，我們可以得出概括性結論，幫助我們更好地理解和預測複雜現象。它是一種用於廣泛領域的工具，從科學和醫學到社會科學和市場營銷。

在醫學研究中，歸納推理經常被用來提出關於疾病原因的假設。通過觀察數據中的模式，研究人員可以確定導致特定疾病發病率的因素。在刑事調查中，歸納推理用於發展有關嫌疑人的動機、行為和下落的理論。調查人員可能會觀察嫌疑人的行為模式，例如他們過去的犯罪記錄或他們與特定群體的關係，並使用歸納推理來發展關於他們參與特定犯罪的理論。

在營銷研究中，歸納推理用於形成對消費者行為和偏好的洞察。營銷人員可能會觀察消費者購買行為或偏好的模式，例如對某些類型的產品或品牌的偏好，並使用歸納推理來制定關於驅動這些偏好的潛在因素的假設。同樣，在政治投票中，歸納推理用於根據代表性選民樣本的反應來預測選舉結果。

然而，重要的是要注意歸納推理總是不確定的，並且會被修正。無論我們觀察到多少具體實例，總有可能出現例外或新實例來挑戰或推翻我們的概括。因此，歸納推理通常與統計分

析或其他假設檢驗方法結合使用，以量化和管理不確定性。

　　歸納推理的主要挑戰之一是它通常基於有限的數據或不完整的信息。這可能會導致有缺陷的概括或假設的發展，這些概括或假設可能無法代表正在研究的更廣泛的人群或現象。為了盡量減少這些風險，重要的是要確保用於歸納推理的數據具有代表性、相關性和可靠性。

　　歸納推理是一種強大而靈活的工具，在許多研究領域都有廣泛的應用。從醫學和科學到市場營銷和政治，它使我們能夠發展出可以幫助我們更好地理解和預測複雜現象的假設和理論。通過掌握歸納推理的技術和原則，我們可以更好地應對周圍世界的複雜性，並根據合理的推理和證據做出明智的決定。

　　歸納邏輯是處理從特定實例到一般原則的推理的邏輯分支，使我們能夠根據觀察和證據開發關於我們周圍世界的新知識和見解。然而，歸納推理總是存在不確定性，我們從中得出的結論只是可能的，而不是確定的。

　　歸納推理處理不確定性的關鍵方法之一是使用概率論。概率論是處理不確定性量化的數學分支，是歸納推理中對不確定性進行推理的重要工具。

　　在歸納推理中，概率論用於根據可用證據量化假設或概括的可能性。例如，如果我們觀察到我們見過的所有天鵝都是白色的，我們可能會推斷所有天鵝都是白色的。然而，這種推論只是大概率的，而不是一定的，推論的概率取決於證據的強度和本量。

概率論使我們能夠根據現有證據計算推論的可能性，並通過量化我們對結論的置信度來管理不確定性。例如，如果我們只觀察到少量天鵝，那麼我們關於所有天鵝都是白色的推斷就不如觀察到大量天鵝那麼確定。

概率論在歸納推理中的另一個重要應用是科學假設的發展和檢驗。科學假設是根據觀察和證據通過歸納推理得出的，並通過實驗和其他形式的實證調查進行檢驗。概率論使我們能夠量化與科學假設相關的不確定性水平，並使用這些信息來指導進一步的調查和研究。

在歸納推理中使用概率論的一個主要問題是認知偏差可能會影響我們的計算。例如，確認偏差、可用性偏差。

確認偏差（confirmation bias）是一種心理現象，指的是人們在尋求和評估信息時，傾向於關注和支持已經持有的觀點或信仰的證據，同時忽略或低估與其觀點相悖的證據。這種偏差會影響我們的判斷和決策，使我們陷入對自己的信仰進行過度確認的陷阱。

一位政治學教授，把學生分為支持兩個不同政黨的兩組，為他們分配了一個作業，要求他們調查一個具有爭議的政策問題，並提供支持和反對的證據。

教授注意到，支持某一政黨的學生在尋找和評估證據時，傾向於關注支持他們政黨立場的信息，而忽略或低估與之相悖的證據。這就是確認偏差的體現。這種偏差會導致學生無法公正地分析政策問題，並可能影響他們的判斷和決策。

可用性偏差是一種心理現象，它會影響我們對概率和風險的判斷。當我們評估某個事件的發生概率時，如果某些類型的信息更容易從記憶中獲得，我們就容易對這些信息給予過高的重視。以下是一個例子來說明可用性偏差的影響。

假設你正在教授一門概率論課程，想讓學生了解飛行和駕駛汽車的相對風險。根據統計數據，飛行的風險遠低於駕駛汽車的風險。然而，當你詢問學生哪種交通工具更危險時，大多數學生可能會回答飛行。

這個現象的原因是，飛機失事的新聞報導通常引起廣泛關注，並且在人們的記憶中留下深刻的印象。相比之下，車禍的報導相對較少受到注意，因此在人們的記憶中沒有那麼突出。由於飛機失事的信息更容易獲得，學生可能會高估飛行的風險，這就是可用性偏差的一個例子。

要讓學生克服這種偏差，可以通過提供相關統計數據來幫助他們更客觀地分析風險。例如，告訴學生每年因駕駛汽車而死亡的人數遠高於因飛行而死亡的人數。這樣的信息可以幫助學生調整他們對不同交通工具風險的看法，從而減少可用性偏差的影響。

金融投資者可使用概率論來估計不同市場情況的可能性，例如經濟衰退或股市崩盤的可能性。這些信息隨後可用於指導投資決策和管理風險。公司可使用概率論來估計新產品發布的不同結果的概率，例如成功或失敗的可能性。這些信息隨後可用於指導決策和資源分配。

在歸納推理中使用概率論對於管理不確定性和量化假設和概括的可能性至關重要，幫人做出明智決策、指導研究和實驗以及更好地了解周圍世界。掌握概率論的技術和原理，可以更好地應對決策制定和不確定性的複雜性，並根據合理的推理和證據做出更明智的選擇。

最後，我們說一個雞的故事。

在一個鄉下的農村裡，有一位名叫羅素的農夫，他以豐富的農產品聞名於鄉間。他養了許多禽畜，包括一群雞。羅素每天早上準時 9 點餵飼雞隻，並維持了這個規律很長一段時間。

其中一隻雞，名叫露西，開始注意到這個規律。每天早上，當農夫走向雞舍時，露西都期待著食物的到來。她開始歸納一個觀念：「每當羅素走向雞舍時，我們都會被餵食。」

隨著時間的推移，露西開始相信這個觀察是絕對可靠的。她告訴其他的雞，不用擔心飢餓，因為羅素總是準時餵食。

然而，就在一個早晨，羅素走向雞舍時，露西驚訝地發現，羅素手中拿著一把斧頭。在眾多雞的驚愕注視下，羅素將斧頭舉起。這時，露西明白到她的想法錯了。

這是英國哲學家羅素說的關於雞的故事，一個關於歸納推理的故事。

4.2 歸納邏輯和概率

概率論是處理不確定性量化的數學分支。它提供了一個分析和理解隨機事件和過程的框架，使我們能夠根據統計數據和證據做出預測和得出結論。

在概率論中，根據所考慮系統的可用信息和假設，將概率分配給事件或過程的不同可能結果。這些概率隨後可用於預測或得出關於不同結果或事件的可能性的結論。

概率論廣泛應用於各個領域，包括統計學、金融、經濟學、物理學、工程學等等。它提供了一個強大的工具來理解不確定性和根據可用證據做出明智的決定。

概率論的一個經典例子是拋硬幣。拋一枚公平的硬幣時，有兩種可能的結果——正面或反面——並且每種結果出現的概率均等。這意味著拋出正面的概率為 0.5或 50%，拋出反面的概率也為 0.5或 50%。

另一個例子是擲六面骰子。有六種可能的結果，每種結果的概率均等，均為 1/6或大約 16.67%。擲出特定數字（例如 3）的概率為 1/6或大約 16.67%。

在更複雜的場景中，例如天氣預報或金融建模，概率論可用於根據統計數據和假設進行預測和估計。例如，在天氣預報中，氣象學家使用溫度、濕度、氣壓和其他變量的數據來估計

不同天氣結果（例如下雨、晴天或下雪）的概率。同樣，在金融建模中，分析師使用概率論來估計不同市場結果的可能性並做出明智的投資決策。

概括和類比是哲學領域廣泛研究的推理和論證中的兩個重要概念。

泛化是指根據該組的樣本或子集得出關於該組或類別的結論或陳述的過程。例如，如果我們觀察到到目前為止我們遇到的所有蘋果都是紅色的，我們可以概括所有蘋果都是紅色的。泛化可能是進行預測和形成假設的有用工具，但如果樣本不能代表更大的總體，它也可能會產生誤導。

類比是一種推理形式，涉及比較兩個不相同但有一些相似之處的事物或情況。類比推理通常用於通過類比來進行論證，我們在其中爭論因為兩件事在某些方面相似，所以它們在其他方面也必須相似。例如，我們可能會爭辯說，正如汽車需要定期維護才能正常運行一樣，人體也需要定期檢查以保持健康。

概括和類比都是推理和論證的有力工具，但也有其局限性。概括可能會導致倉促得出結論和過度概括，而如果被比較的兩個事物在相關方面實際上並不相似，則類比可能會產生誤導。

為了有效地使用概括和類比，重要的是要仔細考慮所進行的樣本或比較，並了解所涉及的潛在限制和偏差。通過批判性地評估我們的推理和論點，我們可以更好地為我們周圍的世界做出合理和明智的判斷。

如果我們觀察到所有我們見過的鳥都會飛，那麼我們可以

概括所有的鳥都會飛。然而，這個概括是不正確的，因為有些鳥類，例如鴕鳥和企鵝，是不會飛的。

如果我們對 100 人進行調查，發現其中 80%的人都喜歡某種品牌的咖啡，那麼我們可以得出結論，80%的人都喜歡該品牌。但是，這種概括在樣本代表較大人群時才有效。

比喻

我們可能會爭辯說，就像植物需要陽光和水才能生長一樣，人類也需要適當的營養和鍛煉才能保持健康。

我們可能會爭辯說，就像地圖是地理地形的表現一樣，繪畫也是視覺現實的表現。

在這兩個示例中，我們都在對兩個不相同但有一些相似之處的事物進行比較。通過利用這些相似性，我們可以進行類比，幫助我們更好地理解或解釋複雜的概念。

不過，類比也可以用來做出錯誤的論證，例如錯誤的類比或弱類比。我們可能會爭辯說，正如獅子是叢林之王一樣，首席執行官也是企業界的王者。這種類比是薄弱的，為什麼？

因為：

1. 簡化了組織結構：企業是由多個部門和層次的管理人員組成的複雜組織。首席執行官在企業中確實擁有很大的權力，但企業的成功取決於整個團隊的協同合作，而不僅僅是首席執行官的領導。將首席執行官視為企業界的王者，可能會忽略其他高層管理人員和員工的重要性。

2. 忽略了獅子與首席執行官之間的本質差異：獅子是叢林中的動物，依靠生存和繁衍的本能行事。而首席執行官是人類，需要遵循道德、法律和社會規範。這些差異使得將首席執行官與獅子相比較的類比變得不太恰當。

3. 過度強調競爭：獅子作為叢林之王，暗示了競爭和生存法則的概念。然而，在現代企業環境中，合作和創新往往比競爭更加重要。將首席執行官比作獅子可能會過度強調競爭，而忽略了企業成功所需的其他要素。

概括

如果我們觀察到一個特定班級的所有學生都是高成就者，我們可以概括該學校的所有學生都是高成就者。然而，這種概括不一定是正確的，因為學校可能有其他班級或學生表現不佳。

如果我們觀察到我們遇到的所有狗都是友好的，我們可以概括所有的狗都是友好的。然而，這種概括不一定是正確的，因為可能有一些狗具有攻擊性或不友好。

我們可能會說，智能手機就像一台迷你電腦一樣，而智能手錶也像迷你智能手機。雖然這種類比在某些方面可能有用，但它也過分簡化了這些設備之間的差異，並且可能無法捕捉到它們的獨特特性和功能。

我們可能會說，正如電腦病毒可以感染和破壞電腦系統一樣，生物病毒也可以感染和破壞人體。雖然這兩種類型的病毒

之間肯定有相似之處，但它們在如何運作以及如何治療或預防方面也存在重要差異。

這些例子突出了概括和類比的一些局限性，以及在我們使用這些工具進行推理和論證時謹慎和批判的重要性。通過認識到所涉及的潛在偏見和局限性，我們可以對我們周圍的世界做出更明智和準確的判斷。

概括和類比並不是推理和論證的唯一可用工具。還可以使用演繹、歸納和統計分析等其他技術，根據證據和數據得出結論並做出預測。結合使用多種工具和方法通常比僅依賴一種方法更有幫助。

在實踐中，概括和類比的使用可以在廣泛的領域中找到，從科學技術到政治和藝術。例如，科學家可以使用類比以更易於理解的方式描述複雜現象，或者根據觀察到的數據模式進行概括。同樣，政治專家可能會根據一些軼事對特定人口進行籠統的概括，或者在歷史事件和當前政治形勢之間進行類比。

宗教話語中，經常使用類比來解釋複雜的神學概念，或在不同的思想或實踐之間建立聯繫。要注意宗教話語中的類比也可能引起爭議或爭議，特別是當它們被用來支持特定的解釋或信仰時。例如，一些基督教三位一體的批評者認為，用來解釋它的類比存在固有缺陷，而且這個概念本身是後來神學發展的產物，而不是耶穌教義的準確表述。類比在宗教中的使用是一種複雜且多方面的現象，反映了世界各地宗教傳統和實踐的豐富多樣性。

這裡有一些在各種宗教中使用的類比的例子：

1.基督教——三位一體經常使用類比來解釋，例如水的三種狀態（液體、冰和蒸汽）或雞蛋的三個部分（蛋黃、白色和蛋殼）。

2.佛教——空性，或空性的概念通常用夢或泡沫等類比來解釋，這些類比是短暫和虛無的。

3.印度教——個人自我（atman）和普遍自我（brahman）之間的關係通常用波浪和海洋的類比來解釋。正如波浪是海洋的暫時表現，個體自我被視為普遍自我的暫時表現。

4.伊斯蘭教——上帝與創造之間的關係通常用主人和奴隸的類比來解釋。正如主人完全控制奴隸一樣，上帝被視為完全控制創造。

5.猶太教——上帝與人類之間的關係通常用父母與孩子的類比來解釋。就像父母照顧和養育孩子一樣，上帝被視為照顧和養育人類。

這些只是幾個例子，許多其他宗教傳統中也使用類比來傳達複雜的思想和概念。

類比是一種強大的工具，可以以一種廣泛的受眾可以訪問和理解的方式來傳達複雜的神學概念。許多宗教傳統使用類比來解釋神的本質、神與人之間的關係，或存在的終極現實。

4.3 因果關係：冰淇淋銷量和犯罪率

　　因果關係和相關性是兩個經常互換使用的概念，但在邏輯和統計學中具有不同的含義。因果關係是指一個事件（原因）和第二個事件（結果）之間的關係，其中第二個事件被理解為第一個事件的結果。另一方面，相關性是指兩個變量之間的關聯或關係，但並不意味著因果關係。

　　要理解因果關係和相關性之間的區別，考慮一些示例會有所幫助。一個典型的例子是吸煙與肺癌之間的關係。雖然吸煙和肺癌之間確實存在很強的相關性（即吸煙的人比不吸煙的人更容易患肺癌），但這並不一定意味著吸煙一定會導致肺癌。肺癌的發展可能涉及許多其他因素，例如遺傳、環境污染物或其他生活方式因素。

　　另一個例子是冰淇淋銷量和犯罪率之間的關係。雖然這兩個變量之間確實存在相關性（即當冰淇淋銷量增加時犯罪率往往會增加），但得出冰淇淋銷量導致犯罪的結論是錯誤的。實際上，這兩個變量之間並沒有直接的因果關係，而是第三個變量（例如溫暖的天氣）導致了冰淇淋銷量的增加和犯罪率的增加。

　　為了確定兩個變量之間是否存在因果關係，有必要進行受控實驗，其中一個變量被操控，另一個變量被測量。例如，要

確定吸煙是否會導致肺癌，研究人員需要進行一項對照研究，隨機分配一些參與者吸煙，而其他參與者則不吸煙，然後測量每組的肺癌發病率。

因果關係是許多領域的一個重要概念，包括醫學、心理學和經濟學，因為它使研究人員能夠確定導致特定結果的因素，並制定有效的干預措施來預防或治療這些結果。因果關係並不總是容易建立，相關性並不一定意味著因果關係。

例如，在經濟學中，較高的教育水平與較高的收入水平之間存在相關性。然而，很難確定是教育帶來了更高的收入，還是更高的收入讓個人獲得了更好的教育。同樣，在心理學中，接觸暴力媒體與攻擊行為之間存在相關性。很難確定接觸暴力媒體是否會導致攻擊性行為，或者有攻擊性行為傾向的個人是否更有可能尋求暴力媒體。

雖然因果關係和相關性是相關的概念，但區分它們很重要，並且在僅根據相關性得出因果關係的結論時要謹慎。進行對照實驗和仔細分析數據是在廣泛領域建立因果關係和制定有效干預措施的重要工具。

回歸分析是常用於分析變量之間的關係和識別可能的因果關係的一種工具。回歸分析涉及估計兩個或多個變量之間關係的強度和方向，並可用於控制可能影響關係的其他變量。回歸分析是一種統計方法，用於研究兩個或多個變量之間的關係。通常，回歸分析旨在研究一個變量（稱為因變量，或應變量）如何隨另一個或多個變量（稱為自變量，或解釋變量）的

變化而變化。回歸分析可以幫助我們預測因變量的值、找出影響因變量的重要因素、以及評估自變量對因變量的影響程度。

回歸分析的主要類型有：

1.線性回歸：線性回歸假設因變量與自變量之間存在線性關係。線性回歸分為兩類：

簡單線性回歸：只有一個自變量，回歸方程為 $Y=a+bX+\varepsilon$，其中 Y 是因變量，X 是自變量，a 是截距，b 是回歸系數，ε 是誤差項。

多元線性回歸：有多個自變量，回歸方程為 $Y=a+b1X1+b2X2+...+bnXn+\varepsilon$。

2.非線性回歸：非線性回歸用於描述因變量與自變量之間的非線性關係。非線性回歸模型可以是二次、對數、指數等多種形式。

回歸分析的主要步驟如下：

1.數據收集：收集包含因變量和自變量的觀察值。

2.數據整理：檢查並整理數據，處理缺失值和異常值。

3.選擇模型：根據數據的特點和問題的性質，選擇合適的回歸模型（線性或非線性）。

4.擬合模型：使用最小二乘法或其他優化方法擬合回歸模型，估計回歸系數。

5.模型評估：評估回歸模型的擬合程度和預測能力，通常使用 R 平方（R^2）、均方誤差（MSE）等指標。

6.模型檢驗：檢查回歸模型的假設

在經濟學中，回歸分析可用於估計通貨膨脹與失業之間的關係，同時控制政府政策、利率和其他經濟指標等因素。在醫學中，回歸分析可用於估計特定治療與患者結果之間的關係，同時控制年齡、性別和其他健康狀況等因素。

然而，即使使用回歸分析，相關性並不一定意味著因果關係。總有可能存在其他變量或因素影響感興趣的變量之間的關係，並且僅靠回歸分析無法完全捕獲關係的複雜性。

建立變量之間的因果關係需要仔細研究和實驗，並且可能需要使用多種方法和工具。通過了解因果關係和相關性之間的區別，並通過仔細分析數據和控制其他變量，研究人員可以開始確定導致特定結果的因素，並制定有效的干預措施來預防或治療這些結果。

還值得注意的是，因果關係和相關性之間的關係可能會受到各種偏差和混雜因素的影響。例如，如果研究中的個體不能代表整個人群，就會出現選擇偏差。這可能使得難以將研究結果推廣到更廣泛的人群。同樣，年齡、性別或社會經濟地位等混雜因素也會影響變量之間的關係，從而難以建立明確的因果關係。

雖然因果關係和相關性之間的關係可能複雜且微妙，但了解這些概念之間的差異，以便根據可用數據做出明智的決策是非常重要。通過仔細分析數據並使用適當的方法來控制其他變量，研究人員可以開始確定導致特定結果的因素，並制定有效的干預措施來預防或治療這些結果。

除了上面提到的例子，還有很多其他情況很難在變量之間

建立因果關係。例如，在教育領域，研究人員可能會研究班級規模與學生成績之間的關係。雖然有一些證據表明，較小的班級規模可以帶來更好的學習結果，但由於教師質素、學生人口統計和學校資金等因素，很難建立明確的因果關係。

同樣，在公共衛生領域，研究人員可能會研究特定環境毒素與特定疾病發病率之間的關係。雖然暴露於毒素與疾病之間可能存在很強的相關性，但由於可能影響疾病發展的其他因素，很難建立明確的因果關係。

建立變量之間因果關係的能力取決於數據的質量和用於分析該數據的方法。通過仔細控制其他變量並使用適當的統計方法，研究人員可以開始確定導致特定結果的因素，並制定有效的干預措施來預防或治療這些結果。

雖然相關性可以提供有關變量之間關係的重要信息，但建立因果關係需要仔細研究和實驗。通過理解這些概念並使用適當的方法分析數據，研究人員可以開始確定導致特定結果的因素，並制定有效的干預措施來預防或治療這些結果。

因果關係現實生活中的例子：

1.吸煙與肺癌：吸煙與肺癌之間存在很強的相關性，但需要多年的研究才能確定吸煙是導致肺癌的原因。

2.體力活動與心臟病：體力活動與降低患心臟病的風險之間存在因果關係。研究表明，經常運動可以降低血壓和膽固醇水平，並降低心臟病發作和中風的風險。

3.肥胖與糖尿病：肥胖與 2型糖尿病的發展之間存在很強

的相關性。然而，很難建立因果關係，因為肥胖和糖尿病都受到許多其他因素的影響，例如飲食和遺傳。

4.貧困與教育：貧困與教育水平較低之間存在很強的相關性。然而，很難建立因果關係，因為貧困和教育都受到許多其他因素的影響，例如資源獲取和社會不平等。

5.社交媒體使用與抑鬱：過度使用社交媒體與抑鬱症之間存在相關性，但尚不清楚社交媒體使用是否會導致抑鬱症，或者已經抑鬱的人是否更有可能過度使用社交媒體。

6.溫度與犯罪：高溫與犯罪率增加之間存在相關性，但尚不清楚高溫是否會導致犯罪率增加，或者其他因素（如社會經濟因素或吸毒）是否對此負責。

這些例子說明了現實生活中因果關係和相關關係之間的複雜性。雖然相關性可以提供對變量之間關係的重要見解，但建立因果關係通常需要仔細研究和實驗，以排除可能影響結果的其他因素。

因果關係和相關性是科學領域中經常使用的兩個術語，但它們的影響遠遠超出了科學領域。在英國文學中，這些概念在塑造作家和詩人探索與人類行為、社會動態和文化現象相關主題的方式發揮了重要作用。

查爾斯·狄更斯（Charles Dickens）的作品中可以看到文學中因果關係和相關性最引人注目的例子之一。在他的小說《孤雛淚》中，狄更斯探討了 19世紀倫敦的貧困與犯罪之間的關係。通過書中角色，狄更斯強調了貧困與犯罪行為之間的關

聯，因為主角奧利弗為了生存被迫轉向盜竊和其他非法活動。狄更斯還表示，貧困並不是導致犯罪行為的唯一因素。狄更斯以費金的角色，一個以像奧利弗這樣的弱勢兒童為目標的犯罪策劃者，說明了可能導致犯罪的社會、經濟和心理因素的複雜網絡。

同樣，在菲茨杰拉德（F. Scott Fitzgerald）的《了不起的蓋茨比》中，因果關係和相關性在探索與社會階級和財富相關的主題時發揮著核心作用。通過傑·蓋茨比這個人物，菲茨杰拉德說明了財富與社會地位之間的相互關係，因為蓋茨比成為美國夢和追求物質成功的象徵。菲茨杰拉德也表示，財富並不是幸福或社會認可的保證。通過蓋茨比一生的悲劇，菲茨杰拉德探索了財富與道德敗壞之間的因果關係，因為蓋茨比對物質成功的執著追求最終導致了他的垮台。

在當代文學中，作者繼續探索各種背景下因果關係和相關性之間的複雜關係。例如，在阿迪奇（Chimamanda Ngozi Adichie）的小說《Americanah》中，阿迪奇通過人物的經歷，探討了種族與特權之間的關係，以及社會不平等與刻板印象和歧視的長期存在的因果關係。

因果關係和相關性是對科學研究至關重要的兩個概念。相關性是指兩個變量之間的關係，其中一個變量隨著另一個變量的變化而變化。另一方面，因果關係是一種關係，其中一個變量的變化直接導致另一個變量的變化。必須區分兩者，因為相關性並不一定表示因果關係。

在科學研究中，我們使用統計方法來確定變量之間的關係，並確定它們之間是否存在因果關係。必須了解科學研究中因果關係和相關性之間的區別，以確保我們根據證據得出有效結論。相關性可能表明變量之間存在關係，但我們必須使用對照實驗來建立因果關係。

除了科學研究，因果關係在日常生活中也很重要。例如，我們可能會觀察到一天中的時間和交通擁堵之間的相關性，高峰時段的交通往往更擁擠。然而，這種相關性並不一定意味著一天中的某些時間會導致交通擁堵。其他因素，例如道路上的車輛數量或道路狀況，也可能影響交通狀況。

同樣，我們可以觀察到一個人的教育水平與其收入之間的相關性。雖然教育可能與收入存在因果關係，但就業市場需求和個人努力等其他因素也可能發揮作用。

了解因果關係和相關性之間的區別在科學研究和日常生活中都至關重要。相關性可能表明兩個變量之間存在關係，但因果關係需要實驗證據來建立直接的因果關係。通過認識到相關性的局限性和因果關係的重要性，我們可以做出更明智的決定，並得出準確的結論。

可能是最著名和影響最大的社會政治理論——馬克思主義，旨在解釋和改變社會現象，而在馬克思主義中，因果關係的概念與社會和經濟變遷密切相關。

根據馬克思主義的觀點，社會現象和經濟結構之間存在著因果關係。這種因果關係的核心理念是基於馬克思主義的歷史

唯物主義觀點，即社會制度和經濟基礎決定了社會的結構和文化。

馬克思提出社會制度由生產力和生產關係組成。生產力指的是社會中的技術、資源和勞動力，而生產關係則是人們在生產過程中的社會關係，例如所有權制度和階級關係。

馬克思主義認為，經濟基礎（包括生產力和生產關係）是社會結構和制度的基礎。經濟基礎的變遷會導致社會結構和文化的變化。這種因果關係的核心概念是，經濟基礎的發展和矛盾最終導致社會變革。

根據馬克思的觀點，不同社會制度之間存在著因果關係。例如，資本主義制度被認為是一種因果關係，它基於私有財產制度和利潤追求。馬克思主義認為，資本主義的矛盾和不平等最終會導致階級鬥爭和資本主義制度的崩潰，並為共產主義社會的興起創造條件。

因果關係在馬克思主義中被視為一種動態過程，並與社會和經濟變遷密切相關。這種因果關係的觀點強調了社會和經濟的相互作用和相互影響，並提供了對社會變革的理解和分析框架。

馬克思主義的因果關係觀點是一種具有爭議性的理論觀點，並且在不同的學術和政治背景下可能存在不同的詮釋和批評。對馬克思主義的常見批判包括有：

1. 經濟決定論：馬克思主義強調經濟基礎對社會結構和文化的決定性影響，這被批評為過於簡化，忽略了其他可能影響

社會和文化的因素，如宗教、道德、人的主觀意識等。

2. 消極的人類觀：馬克思主義強調社會階級鬥爭，這被認為是一種消極的、對人的本性有悲觀看法的人類觀。批評者認為，這種看法忽略了人類合作、創新和進步的可能性。

3. 不充分的實踐：批評者指出，在實踐中，馬克思主義的許多理論並未得到有效的證明。例如，儘管馬克思預言資本主義會因為其內在矛盾而崩潰，但至今資本主義仍然是全球主導的經濟體系。

4. 對個人自由的忽視：批評者認為馬克思主義過於強調集體主義，忽視了個人自由和權利。在馬克思主義影響下的社會主義或共產主義國家，常常出現對個人自由和權利的遏制。

5. 歷史唯物主義的過度簡化： 批評者認為，馬克思的歷史唯物主義過度簡化了社會和歷史的複雜性，將其歸結為經濟因素的影響。

4.4 歸納論證的批判

　　歸納論證是從具體事例推理出一般結論的論證。這些類型的論證經常用於科學研究，在科學研究中，觀察和實驗被用來對自然現象進行概括。然而，重要的是要批判性地評估歸納論證，以確保它們是合理的並且從中得出的結論是合理的。

　　評估歸納論證的一種方法是評估用於支持結論的證據的強度。支持結論的實例越多，論證就越有力。例如，一項從大樣本中收集數據的研究，可能比從小樣本中收集數據的研究具有更強的歸納論證。

　　評估歸納論證的另一種方法是考慮證據的相關性。用於支持結論的證據必須與得出的結論相關。例如，關於運動對心臟健康影響的研究可能與運動對心理健康影響的結論無關。

　　重要的是要考慮正在進行的概括的潛在反例或例外。如果有很多例外或反例，那麼歸納論證可能不足以支持結論。

　　承認歸納推理的局限性也很重要。歸納論證不提供絕對的確定性，而是提供一定程度的概率或可能性。因此，我們必須對根據新證據修改我們的結論持開放態度。批判性地評估歸納論證對於確保從中得出的結論是合理的至關重要。我們必須評估證據的強度和相關性，考慮反例和例外，並承認歸納推理的局限性。通過這樣做，我們可以對世界有更細緻的了解，並根

據證據做出明智的決定。

　　此外，區分強歸納論證和弱歸納論證也很重要。強歸納論證是前提為結論提供有力支持的論證，這意味著結論很可能在給定前提的情況下為真。相反，弱歸納論證是前提對結論提供很少支持的論證，這意味著結論在給定前提的情況下不太可能為真。

　　為了評估歸納論證的強度，我們可以使用統計分析或貝葉斯推理等工具。統計分析可用於根據觀察到的數據確定特定結果的可能性，而貝葉斯推理使我們能夠根據新證據更新我們對事件發生可能性的看法。

　　重要的是要認識到歸納推理通常與演繹推理結合使用。演繹推理提供確定性，而歸納推理提供概率。因此，將兩種類型的推理結合起來可以得出更有力的論據和更準確的結論。

　　在日常生活中，我們經常使用歸納推理來做出決定和形成信念。例如，我們可以使用過去的經驗來預測未來的結果或根據對模式的觀察得出結論。重要的是要批判性地評估這些歸納論證，以確保我們做出明智的決定並形成準確的信念。

　　哲學家大衛休謨首先發現歸納方法的限制。我們無法從邏輯上證明未來會像過去一樣，即使這個假設對於歸納推理是必要的。例如，我們可能觀察到太陽在我們生命中的每一天都升起，但我們無法從邏輯上證明它明天會再次升起。

　　另一個限制是偏見可能會影響我們的歸納推理。例如，當我們只尋找支持我們信念的信息時，就會出現確認偏差，忽略

或低估與我們信念相矛盾的證據。當我們高估很容易從記憶中回憶起的事件的可能性時，即使它們不能代表整體數據，也會出現可用性偏差。這些偏見會導致我們得出錯誤的結論並做出錯誤的決定。

因此，必須批判性地評估歸納論證，以確保它們不是基於有缺陷的推理或偏見。通過考慮證據的強度、歸納推理的局限性以及偏見影響我們思維的可能性，我們可以更準確地了解世界，並根據證據做出明智的決定。

5. 模態邏輯：可能的世界

　　當我——斯蒂芬·霍金——在辦公室裡靜靜地觀察著星空，想要揭開宇宙最深層的奧秘時，一道閃爍的光芒劃破了黑暗的夜晚。當我目光移向那道光，一位身著金色戰甲的女性身影飛速降落在我面前。這位英勇的女性就是世界知名的超級英雄——神奇女俠。

　　她緊急地向我求助：「霍金教授，我們正面臨一個威脅，這個威脅可能改變我們所認識的現實世界，甚至被另一種可能的世界取代！我們必須找出一個解決方案，否則後果不堪設想。」

　　我思索片刻，然後說道：「看來我們需要引入模態邏輯來分析這個問題。在模態邏輯中，我們會探討事物的可能性和必然性。當我們說某事物『可能』存在時，意味著在某個可能世界中，這件事物是真實存在的。而當我們說某事物『必然』存在時，則表示這件事物在所有可能世界中都是真實存在的。因此，如果這種威脅能讓我們的現實世界被其他可能的世界取代，那就表示這種威脅在某些可能的世界中是真實存在的。但這並不意味著它必然會在我們的現實世界中出現，我們仍有機會阻止它發生。」

　　神奇女俠點了點頭，表示她理解了我所說的。在她離開

前，我對她說：「神奇女俠，無論我們面臨的威脅多麼巨大，我們都不能放棄。只要我們保持堅定，就一定能找到解決問題的辦法。」

　　神奇女俠離開後，我在這個問題上沉思。我意識到模態邏輯不僅僅是理論邏輯的一部分，還能夠應對現實生活中的問題。對於神奇女俠所說的這種可能導致現實被另一個可能世界所取代的威脅，模態邏輯提供了一種新的視角來理解和解決問題。這種思考方式超越了一般邏輯的界限，給我們提供了一個全新的視野去理解這個宇宙，這就是模態邏輯的魅力。

5.1 除了死亡是必然

　　模態邏輯是處理必然性和可能性概念的邏輯，與命題在不同情況或條件下為真或為假的方式有關。模態邏輯用於推理不僅僅是正確或錯誤的概念，而是具有不同程度的可能性或必要性，是用來描述關於「可能性」、「必然性」和「真實性」等概念的邏輯體系。下面例子會幫助你理解模態邏輯。

　　假設有一個命題「現在正在下雨」，我們可以用模態邏輯來描述它的可能性和必然性。例如，如果我們使用「可能」（可能性）的模態運算符來表示，這個命題可以寫成「◊現在正在下雨」。這個符號「◊」表示「至少有一個可能的世界，在那個世界中這個命題是真的」。因此，這個命題的意思是「現在正在下雨是可能發生的」。

　　接著，我們使用「必然」（必然性）的模態運算符來表示這個命題，寫成「□現在正在下雨」。「□」這個符號表示「在所有可能的世界中，這個命題都是真的」。因此，這個命題的意思是「現在正在下雨是必然發生的」。

　　另一個例子是「所有人都會死亡」這個命題。我們可以使用「必然」的模態運算符來表示這個命題，寫成「□所有人都會死亡」，意思是「在所有可能的世界中，所有人都會死亡」。這個命題是一個必然真理，因為在所有可能的世界都適用。

「今天是星期五」這個命題不是必然真理，也不是必然假說，因為有些世界中今天是星期五，有些世界中不是。因此，我們可以使用「可能」的模態運算符來表示這個命題，寫成「◇今天是星期五」，意思是「今天是星期五是可能發生的」。

　　在哲學中，模態邏輯用於對諸如必然性、可能性和偶然性等概念進行推理。

　　在數學中，模態邏輯用於推理各種類型的數學對象的屬性。

　　在電腦科學中，模態邏輯用於推理電腦程序和系統的行為。

　　在語言學中，模態邏輯用於研究「可以」、「應該」和「必須」等模態動詞的含義和用法。

　　模態邏輯不同於歸納推理，涉及關於模態或可能性和必然性模式的推理。它不僅處理真或假的陳述，還處理可能為真或必然為真的陳述。

　　歸納推理涉及根據特定觀察或數據進行概括，並從特定到一般的推理，用於根據經驗證據做出預測或得出結論。

　　模態邏輯用於推理可能性和必要性，例如在給定特定假設或條件的情況下，什麼是可能的或必要的，對真理和知識有更細緻的理解，在哲學、語言學和電腦科學等領域特別有用。它關注的是對陳述的推理，不僅是真或假，而且還包括可能為真或必然為真的陳述。

　　概率論處理事件發生的可能性。它關注不確定性的量化和概率的計算。它用於根據經驗數據做出預測或得出結論，並可用於估計未來事件發生的可能性。

雖然模態邏輯和概率論都處理不確定性，但它們的方法和重點不同。模態邏輯關注可能性和必然性的推理，而概率論關注量化和計算事件的可能性。

模態邏輯的主要模式

　　以下是模態邏輯的一些常見模式：

1. 必然性（Necessity）

必然（□P）：表示命題 P 是必然成立的。

示例：所有人都必須死亡（□人類會死亡）。

2. 可能性（Possibility）

可能（◇P）：表示命題 P 是可能成立的。

示例：明天可能下雨（◇明天會下雨）。

3. 不變性（Invariance）

不變（◇P）：表示命題 P 在所有可能的情況下都成立。

示例：真理是不變的（◇真理不會改變）。

4. 必然不（Necessity negation）

非必然（¬□P）：表示命題 P 不是必然成立的。

不是每個人都會成功（¬□每個人都會成功）。

5. 可能不（Possibility negation）

非可能（¬◇P）：表示命題 P 不是可能成立的。

示例：不太可能會下雪（¬◇會下雪）。

6. 不變性不（Invariance negation）

非不變（¬◇P）：表示命題 P 在某些情況下不成立。

示例：有時候會失敗（¬◇有時候會成功）。

7. 必然且只有（Necessity and only）

必然且只有（□P ∧ □¬Q）：表示命題 P是必然成立且命題 Q是必然不成立的。

示例：只有真正努力，才能取得成功（□努力 ∧ □¬懶惰）。

8. 可能且可能不（Possibility and possibility negation）

可能且可能不（◇P ∧ ◇¬P）：表示命題 P是可能成立且命題 P也可能不成立的。

示例：明天可能會下雨，也可能不會下雨（◇明天會下雨 ∧ ◇明天不會下雨）。

9. 不變性且不變性不（Invariance and invariance negation）

不變且不變性不（◇P ∧◇¬P）：表示命題 P在所有可能的情況下都成立且在某些情況下不成立。

真理始终存在，但也有時會出現謊言（◇真理 ∧◇¬真理）。

10. 不確定性（Uncertainty）

不確定（?P）：表示对命題 P的真值存在不確定性。

示例：未知的天氣（?明天會下雨）。

11. 弱必然性（Weak Necessity）

弱必然（□*P）：表示命題P在大多數情況下是必然成立的。

示例：大部分時間都需要休息（□*需要休息）。

12. 弱可能性（Weak Possibility）

弱可能（◇*P）：表示命題P在大多數情況下是可能成立的。

示例：大部分人都可能受到影響（◇*可能受到影響）。

這些模式在處理現實世界中的複雜問題和推理過程中起到重要的作用，例如在人工智能、決策分析和風險評估中的應用。

這些模式用於描述命題的不同語義屬性和可能性。它們能夠幫助我們更準確地推理和描述命題的性質和可能情況。具體的模態邏輯系統可能存在其他模式，並且不同的語境和領域可能使用不同的模式和術語。

模態邏輯允許對不同類型的模態進行更細緻的分析，並且可以幫助我們以嚴格和精確的方式推理不同類型的可能性和必然性。模態邏輯在哲學和電腦科學等領域特別有用，因為它允許對真理和知識有更細緻的理解，並可用於推理複雜系統中的可能性和必要性。這些模態可以以不同的方式組合和使用，以推理不同領域的不同類型的可能性和必要性，例如哲學、數學、電腦科學和語言學。

可能世界和可達性關係是模態邏輯中的重要概念，能幫助我們推理模態語句的真實性。

在模態邏輯中，可能世界是世界可能存在的完整且一致的方式。每個可能的世界都是一個獨立的系統，包含那個世界中存在的一切，沒有不存在的。可能世界用於表示現實可能的不同方式，並且經常在模態邏輯中用於評估模態陳述的真實性。

假設你在考慮一個時間旅行的命題，例如「如果我明天回到過去，那麼我現在就不會存在」。這個命題中涉及到時間旅行和可能的情況，因此可以運用模態邏輯來分析。

首先，我們可以使用「可能」的模態運算符來表示可能的情況，例如「◊我明天回到過去」表示我明天可能會回到過去。這個符號「◊」表示「至少有一個可能的世界，在那個世界中這個命題是真的」。

接下來，我們可以使用「必然」的模態運算符來表示必然的情況，例如「□如果我回到過去，那麼我現在就不會存在」表示如果我回到過去，那麼現在我就必然不存在。這個符號「□」表示「在所有可能的世界中，這個命題都是真的」。

然後，我們可以使用邏輯運算符來連接這些模態語句，例如「◊我明天回到過去→ □如果我回到過去，那麼我現在就不會存在」，表示如果我明天回到過去，那麼現在我就必然不存在。這個箭頭「→」表示「如果 ...那麼 ...」的關係，表示前面的語句成立，那麼後面的語句就必然成立。

我們可以使用否定運算符來表達否定的情況，例如「¬◊我明天回到過去」表示我明天不會回到過去。這個符號「¬」表示否定的意思。

模態邏輯還可以幫助我們理解時間旅行的矛盾所在。

「我回到過去，殺死了我的祖父」，這個命題涉及到時間旅行和可能的情況，因此可以用模態邏輯來分析。

我們使用「可能」的模態運算符來表示可能的情況，例如：

「◊我回到過去，殺死了我的祖父」

表示我可能會回到過去並殺死我的祖父。

然後使用「必然」的模態運算符來表示必然的情況，例如：

「□如果我回到過去，那麼我就一定會殺死我的祖父」

表示如果我回到過去，那麼我就必然會殺死我的祖父。這個命題是矛盾的，因為如果我殺死了我的祖父，那麼我就不可能存在，因此我就不可能回到過去殺死我的祖父了。

這種自相矛盾的情況被稱為時間旅行的矛盾。這個矛盾表明，在模態邏輯的框架下，存在一些命題無法同時成立，因為它們所涉及的情況和邏輯運算之間存在矛盾。這個矛盾也被稱為「祖父悖論」，是時間旅行中最著名的矛盾之一。

這些模態語句可以幫助我們更清楚地表達時間旅行的可能性和必然性，在推理和分析時間旅行的問題時非常有用。

5.2 平行宇宙

可達性關係通常用於描述物理上的運動或運動學。在這種情況下，我們可以將物體看作是系統中的一個狀態，而可達性關係描述的是物體之間的空間運動關係。例如，如果我們有兩個物體「a」和「b」，「aRb」表示物體「a」可以通過有限步驟到達物體「b」，也就是說，在有限步驟內從「a」出發，我們可以到達「b」。

可訪問性關係通常用於描述計算模型中的狀態轉換或語言學中的語言結構。在這種情況下，我們可以將系統的狀態看作是系統的一個元素，可訪問性關係描述的是系統狀態之間的轉換關係。例如，在一個計算模型中，如果我們有兩個狀態「a」和「b」，「aMb」表示狀態「b」可以通過一系列的計算步驟從狀態「a」轉換而來。

在邏輯中，可達性關係和可訪問性關係都是關係符號，用於描述物體或狀

可訪問性關係是可能世界之間的二元關係，表示一個世界可以從另一個世界訪問。

例如，考慮情態陳述「所有單身漢都未婚是必然的」。為了評估該陳述的真實性，我們需要考慮該陳述可能為真或為假的所有可能世界。在這種情況下，可能世界是現實相對於陳述

的真實性的所有方式。

為了評估這個陳述在一個特定的可能世界中的真實性，需要考慮這個陳述是否在從那個世界可訪問的所有可能世界中都是真實的。換句話說，我們需要考慮可能世界之間的可達性關係。如果在我們正在評估的世界可訪問的每個可能世界中，所有單身漢都未婚，那麼該陳述在那個世界中必然為真。然而，如果從我們正在評估的一些單身漢結婚的世界中至少存在一個可訪問的可能世界，那麼該陳述在那個世界中不一定為真。

可能世界和可達性關係也用於推理其他模態，例如認知模態和道義模態。在認知模態邏輯中，可能世界代表知識或信息的不同狀態，而可達性關係代表這樣一種想法，即通過獲取新信息，一種知識狀態可以從另一種狀態到達。在道義模態邏輯中，可能世界表示義務和權限可以在代理之間分配的不同方式，而可及性關係表示義務和權限的一種分佈可以通過代理的行使從另一種分佈到達。

1. 有一個人，阿珍，正在考慮去夏威夷旅行。在現實世界中，阿珍不確定她是否負擔得起這次旅行。然而，在一個可能的世界裡，阿珍在工作中獲得晉升，她可以輕鬆負擔這次旅行的費用。模態邏輯可以用來分析去夏威夷旅行的可能性，考慮到阿珍得到升職的現實世界和可能世界之間的可達性關係。

2. 考慮「所有單身漢都必須未婚」這個陳述。通過考慮所有可能的世界並確定在每個可能的世界中是否所有單身

漢都是未婚的，可以使用模態邏輯來分析該陳述的真實性。現實世界和可能世界之間的可達性關係在這個分析中起著關鍵作用。

3. 電影《黑客帝國》的角色在電腦創造的模擬現實中生活。考慮到現實世界與機器擁有創建模擬現實技術的可能世界之間的可訪問性關係，模態邏輯可用於分析這個可能性。

4. 想像一個重力行為與我們世界不同的世界。模態邏輯可以用來分析這樣一個世界的可能性，考慮現實世界和具有不同引力性質的可能世界之間的可達性關係。

模態邏輯中的一個關鍵概念是可能世界的概念，即與現實世界不同的假設世界。在模態邏輯中，可能世界是對假設事態的完整且一致的描述。這些可能世界用於分析模態斷言，例如關於必然性和可能性的斷言。例如，「水必須在 100攝氏度沸騰」這一主張可以根據可能世界進行分析。在現實世界中，水確實會在100攝氏度時沸騰，但在物理定律不同的可能世界中，水可能不會在該溫度下沸騰。因此，該陳述在所有可能世界中都為真，並且被稱為必然為真。

模態邏輯中的另一個重要概念是可達性關係。該關係用於定義可從給定世界訪問哪些可能世界。可訪問性關係可以被認為是一種指定哪些世界與給定世界相似的方式。例如，在物理定律與現實世界相同的世界中，物理定律略有不同的世界可以訪問，而物理定律根本不同的世界則無法訪問不同的世界。

可視化可能世界和可訪問性關係的使用的一種方法是使

用稱為「可能世界圖」的圖表，可能世界圖（Possible World Diagram）是一種圖形化工具，用於在模態邏輯中表示命題在不同可能世界中的真值指派情況。它通過圖形的形式展示不同的可能世界，並顯示命題在這些世界中的真假情況。

舉例來說，在下面這個可能世界圖中，我們有三個可能的世界：W1、W2和 W3。這些世界代表不同的情境或狀態，並且每個世界中的命題 P和 Q有不同的真值指派：

```
    W1
   / \
  P   Q
 /     \
W2      W3
```

在世界 W1中，命題 P成立，表示「今天下雨」。同樣地，命題 Q也成立，表示「我帶傘出門」。

在世界 W2中，命題 P仍然成立，表示「今天下雨」。然而，命題 Q不成立，表示「我沒有帶傘出門」。

在世界 W3中，命題 P不成立，表示「今天沒有下雨」。同樣地，命題 Q也不成立，表示「我沒有帶傘出門」。

透過可能世界圖，我們可以觀察到不同世界中命題的真值指派情況，並分析它們之間的關係。在這個例子中，我們可以看到命題 P和 Q的真值在不同世界中是如何變化的，這反映了可能世界之間的可能性和相容性。

可能世界圖只是模態邏輯中的一種工具，具體的應用和解

釋可能因不同的模態邏輯系統而有所差異。在實際應用中，可能世界圖可以更加複雜，涉及更多命題和可能世界，用於分析和推理不同情境下的命題真值指派。

可能世界和可達性關係的使用是模態邏輯的一個重要方面。這些概念使我們能夠分析關於假設事態的模態聲明和推理。通過使用這些工具，我們可以更深入地了解模態語句的含義以及它們為真或為假的方式。

簡單來說，可訪問性關係是可能世界之間的二元關係，它描述了一個世界可以從另一個世界訪問的方式。

例如，假設我們有一組可能世界 W，以及該集合中的兩個可能世界 w1 和 w2。我們可以定義一個可訪問性關係 R，使得 w1Rw2，這意味著可以從 w1 訪問 w2。這種關係告訴我們，可以以某種方式從 w1 過渡到 w2，並且這兩個世界以特定方式相關。

可訪問性關係的概念使我們能夠以嚴謹和系統的方式討論各種模式。例如，我們可以定義一個模態運算符 □來表示必要模態，並根據可達性關係來定義它的語義。具體來說，我們說陳述 p 在世界 w 中是必要的當且僅當 p 在所有可從 w 訪問的世界中都為真。

除了必然性之外，可達性關係還可以用於推理可能性、不可能性、偶然性和其他模態概念。通過定義可能世界之間的可達性關係，我們可以根據什麼是可能的和什麼是必要的來推斷這些世界是如何相互關聯的。

可達性關係可以幫助我們推理不同的模態及其相互關係。它們提供了一種理解不同可能世界如何相互關聯的方法，並允許我們以精確和嚴格的方式定義和推理複雜的模態概念。

5.3 必要性和可能性

在模態邏輯中，必然性和可能性的概念通常分別用 □和 ◊ 等符號表示。例如，命題「2+2=4」可以表示為 □（2+2=4），而命題「其他星球上有生命」可以表示為 ◊（其他星球上有生命）。

我們可以使用符號來表示模態邏輯中討論上帝存在的問題。

假設 P（x）表示「x存在」，則我們可以使用以下符號表示上帝存在的命題：

P（G）：表示「上帝存在」

假設 W表示可能的世界，我們可以使用以下符號表示「存在一個可能世界 W，其中上帝存在且創造了這個世界」的命題：

∃ W[P（G）∧ Create（W）]

其中 Create（W）表示「W被創造」的命題，∧表示邏輯中的「且」（註：and）運算符。

如果我們想要表示「上帝存在」是一個必然的命題，即在所有可能的世界中都是真的，那麼我們可以使用以下符號表示：

□P（G）

其中 □表示必然性，表示在所有可能的世界中都是真的。

如果我們可以證明「上帝存在」是一個必然的命題，那麼我們可以得出上帝的存在是一個必然的事實。

然而，在這個討論中，很難證明「上帝存在」是一個必然的命題。因為如果我們不能證明「上帝存在」是在所有可能的世界中都是真的，那麼我們只能得出上帝的存在是可能的，而不是必然的。

證明上帝存在不是必然的命題是一個相當困難的哲學問題，並且有許多不同的論證和爭論。以下列出一些常見的反對論證：

1.存在矛盾的命題：有些哲學家主張，「上帝存在」的命題與其他命題之間存在矛盾，例如「惡的存在」、「無限的惡」等命題。如果這些命題與「上帝存在」的命題相矛盾，那麼「上帝存在」就不可能是必然的命題。

2.無法證明：有些哲學家主張，「上帝存在」的命題是無法證明的，因為不存在一種普遍接受的證明方法。如果無法證明「上帝存在」是必然的命題，那麼它就不可能是必然的。

3.不同的可能世界：有些哲學家主張，「上帝存在」的命題在不同的可能世界中可能是不同的。例如，在一個不存在上帝的可能世界中，「上帝存在」的命題就是假的。如果「上帝存在」的命題在不同的可能世界中是不同的，那麼它就不可能是必然的。

可訪問性關係在模態邏輯中也很重要，因為它們決定了

從給定世界可以訪問哪些可能世界。可達性關係是可能世界之間的二元關係，它指定哪些世界被認為是從給定世界「可達」的。例如，如果世界 A可以從世界 B訪問，我們可以說 B和 A之間存在可訪問性關係。

綜上所述，模態邏輯中的必然性和可能性概念是指命題在不同可能世界中的真或假，而可達性關係決定了哪些可能世界被認為是從給定世界「可達」的。這些概念及其相關符號在廣泛的哲學和邏輯論證的形式化和分析中起著至關重要的作用。

模態邏輯中必然性和可能性的另一個例子是著名的關於上帝存在的本體論論證。該論證基於必然存在的概念，即存在於所有可能世界中的存在。該論證斷言，如果必然存在是可能的，那麼它必然存在，這由 □（∃x）（Nx）表示，其中 Nx表示必然存在的概念。

模態邏輯中必然性和可能性的一個更具體的例子是在物理學領域。物理定律經常被描述為必然真理，因為它們在所有可能的世界中都是真實的。例如，能量守恆定律指出能量不能被創造或破壞，只能轉化。這個定律是在所有可能的世界中都適用的必然真理。

考慮「時間旅行可能存在」這一命題。這種說法不是必然真理，因為存在不存在時間旅行的可能世界，並且這種可能性不存在矛盾。因此，這個陳述可以表示為◊（存在時間旅行）。

模態邏輯中的必然性和可能性概念使我們能夠推理命題與可能世界之間的關係。通過理解這些概念及其應用，我們可

以深入了解真理和可能性的本質，以及邏輯推理的結構。

在模態邏輯中，「偶然」陳述是指那些在某些可能世界中為真而在其他世界中為假的陳述。例如，「現在外面正在下雨」是一個條件陳述，因為它在某些可能世界中可能為真，但在其他可能世界中為假。

模態邏輯在電腦科學、語言學和哲學等各個領域都有大量應用。例如，它用於開發需要對不確定或條件事件進行推理的人工智能系統。它還用於自然語言語義，其中分析和解釋模態表達式，例如「必要」和「可能」。

5.4 法國大革命是決定了的？

　　偶然性和決定論是哲學中的兩個基本概念，特別是在形而上學的分支中。偶然性是指可能發生但並非必然發生的事件或事態，即它們本來可以不同或根本不存在。決定論認為所有事件和事態都是由先前的原因或條件所必然發生的，因此它們不可能與它們的方式不同。

　　考慮偶然性和決定論之間差異的一種方法是從可能性和必然性的角度來考慮。偶然事件或事態是可能的，但不是必然的，而必然事件或事態是那些本來不可能發生的事件或事態。決定論通常與必然性聯繫在一起，因為它假定所有事件和事態都是由先前的原因或條件所必然發生的。

　　在我們的日常經驗中有很多偶然事件的例子。例如，我們現在正在閱讀這篇文章這一事實，是一個偶然事件，因為可能是其他情況——我們此時可能正在做其他事情。同樣，我們出生在某個時間和地點，並具有某些特徵（例如我們的身高或眼睛顏色）這一事實取決於多種因素，例如遺傳、環境條件和隨機因素。

　　另一方面，決定論通常與對自然世界的科學解釋聯繫在一起。根據決定論，物理世界中的所有事件都是由先前的原因或條件所必然發生的。例如，利用物理定律和行星初始條件的知

識，可以高度準確地預測太陽系中行星的運動。這表明行星的運動是由物理定律和先驗條件決定的，而不是偶然或隨機的。

決定論並非沒有挑戰和批評。決定論的一個主要挑戰是自由意志的問題。如果所有的事件和事態都是由先前的原因或條件所必然發生的，那麼我們似乎並不能真正自由地選擇我們的行動或做出決定。這導致一些哲學家爭論因果關係和能動性的替代觀點，這些觀點允許人類行為有更大的自由和偶然性。

偶然性和決定論是我們對於世界的理解以及我們在其中的位置具有重要意義。偶然性允許替代結果和事件的可能性，決定論認為所有事件和事態都是由先前的原因或條件所產生的必然結果。

偶然性和決定論這兩個概念，用於處理因果關係的本質以及事件是預先確定的還是偶然的。

偶然事件是指不一定預先確定的事件，如果某些條件不同，結果可能會有所不同。換句話說，偶然性承認事件並不總是由先前的原因或自然法則決定，而是會受到一系列因素的影響，包括偶然性、個人選擇和不可預測的事件。一場足球比賽的結果取決於各種因素，例如球員的技術、天氣狀況，甚至運氣。雖然其中一些因素可以預測或控制，但始終存在使結果具有偶然性的不確定性和不可預測性因素。

決定論認為事件是由先驗原因或自然法則預先決定的，不存在偶然性或偶然性因素。換句話說，決定論認為所有事件都是由發生在它們之前的條件決定的，沒有自由意志或個人代理

的餘地。例如，已上緊發條並啟動的時鐘將始終以可預測的速度滴答作響，這取決於其內部機制和物理定律。從這個意義上說，時鐘的行為是確定的，不受機會或偶然性的影響。

儘管這些概念看似相互矛盾，但它們通常以複雜的方式交織在一起。一些哲學家認為，即使決定論是正確的，也不一定排除偶然性的存在。他們認為，雖然某些事件可能是預先確定的，但世界其他方面仍有可能發生意外事件。

偶然性和決定論可以用法國大革命的歷史事件來說明。從決定論的角度看，法國大革命是18世紀後期法國社會經濟狀況的必然結果。資產階級的興起、啟蒙運動的自由平等思想、法國君主制的金融危機等因素都助長了革命熱情，最終推翻了君主制，建立了法蘭西第一共和國。

另一方面，偶然的觀點認為法國大革命不是預先確定的，而是歷史事件和個人選擇獨特結合的結果。例如，路易十六國王於1789年召集三級會議的決定並不是預先確定的，而是一個偶然因素，它引發了一系列事件，最終導致了革命。同樣，馬克西米連·羅伯斯庇爾和拿破崙·波拿巴等關鍵人物的行動在塑造革命的進程和結果方面發揮了重要作用。

另一個例子可以在醫學領域看到，在遺傳學和疾病的研究中出現了決定論與偶然性的問題。從確定論的角度來看，一個人的基因構成決定了他們對某些疾病或健康狀況的易感性。例如，BRCA1基因突變的個體患乳腺癌和卵巢癌的風險更高。然而，一種偶然派的觀點認為，雖然遺傳學起作用，但飲食、運

動和接觸毒素等環境和生活方式因素也助長疾病的發展。

這裡還有一些偶然事件的例子：

1.足球比賽的結果：足球比賽的結果取決於許多因素，例如球員的技術水平、天氣條件和教練採用的策略。

2.工作保障：某人能否保住工作取決於多種因素，例如他們的表現、經濟狀況以及雇主的財務狀況。

3.交通流量：特定道路上的交通流量的速度和暢通程度取決於一天中的時間、天氣以及事故或道路封閉的數量等因素。

4.人際關係：人際關係的成功取決於共同價值觀、溝通技巧和妥協能力等因素。

5.科學理論：科學理論的有效性取決於一系列因素，例如實驗結果、用於收集數據的方法以及該理論的假設。

偶然性是指某些事情不是必需的或預先確定的，而是取決於某些條件或因素的想法。偶然性的另一個例子可以在商業投資的成功中看到。一家公司可能會推出一種新產品，希望它能取得成功並產生可觀的利潤。然而，產品的成功取決於許多因素，包括市場需求、競爭和消費者偏好。如果這些因素不利於產品，它可能會失敗並給公司造成重大財務損失。

另一方面，決定論可以在自然現象中看到，例如行星的運動或亞原子粒子的行為。這些事件由物理定律和原理決定，其結果可以高度準確地預測。例如，地球繞太陽公轉的軌道是由引力決定的，根據我們對這些物理原理的理解，就可以準確地預測出這種運動。

關於決定論在多大程度上適用於人類行為和決策的爭論仍在繼續。一些人認為我們的行為是由遺傳、教養和環境因素共同決定的，而另一些人則認為人類有自由意志和做出不完全由外部因素決定的選擇的能力。

決定論的例子可以在物理學、生物學和心理學等各個領域找到。在物理學中，決定論通常與因果關係的概念聯繫在一起。例如，經典力學定律根據作用在物體上的力來描述物體的運動，而這些力可以根據物體的位置和速度來預測。因此，如果我們知道系統的初始條件和作用於它的力，我們就可以確定地預測系統未來的行為。

在生物學中，決定論以遺傳決定論為例，即生物體的特徵由其基因決定的觀點。例如，如果一個人有導致某種疾病的基因突變，那麼無論其他因素如何，他們都可能患上這種疾病。

在心理學中，可以在環境決定論的概念中看到決定論，這表明個人的行為是由他們的環境決定的。例如，在暴力和虐待家庭中長大的孩子自己更有可能產生攻擊性傾向。

決定論認為包括人類行為和選擇在內的事件是由自然或超自然的先行原因或預先存在的條件決定的。

在物理學領域，決定論通常被認為是一個基本原則。例如，經典力學基於一種思想，即如果已知粒子的初始位置和速度，則可以精確確定粒子的運動。拉普拉斯妖（法語：Démon de Laplace），是由法國數學家拉普拉斯於1814年提出。這個思想實驗用來探討宇宙的確定性和預測性。

根據拉普拉斯的假設，如果存在一個超級智能，即拉普拉斯妖，它具有無限的知識和計算能力，能夠精確知道宇宙中每個原子的位置和速度，並能夠根據這些信息準確預測未來的所有事件。換句話說，拉普拉斯妖可以完全預測和解釋宇宙中的一切現象和事件。

這個思想實驗引發了關於宇宙的確定性和自由意志的哲學辯論。拉普拉斯妖的概念暗示了如果宇宙是確定性的、預測性的，那麼自由意志是否存在，人類的行為是否只是宇宙機械運行的結果，而非自主的選擇。

拉普拉斯妖的概念也受到了批評。一些人認為，宇宙的複雜性和混亂性使得完全的預測變得不可能，即使有無限的知識和計算能力也無法預測所有事件的發生。此外，量子力學的不確定性原理也進一步挑戰了拉普拉斯妖的假設。

拉普拉斯妖提供了一個思考宇宙確定性和預測性的思想實驗，引發了對於自由意志、宇宙的本質和人類行為的哲學討論。然而，它仍然是一個理論上的假設，並且與實際的科學和現實世界存在著一定的差距。然而，20世紀初量子力學的發展挑戰了物理學中的決定論假設。不確定性原理指出，某些物理屬性（例如位置和動量）不能同時以任意精度已知，這表明在亞原子水平上存在內在的隨機性。

決定論在哲學和倫理學中也有爭論。一些哲學家認為，決定論與自由意志不相容，因為我們的選擇和行動是由先前的原因和自然法則預先決定的。其他人則認為，即使決定論是正確

的，它也不一定排除自由意志，因為我們的選擇和行動可能仍然是我們自己有意識的審議和決策過程的結果。

在心理學領域，決定論常被用來解釋人類行為。例如，行為主義斷言所有行為都是條件反射和強化的結果，自由意志是一種幻覺。然而，其他心理學方法，如認知心理學和人本主義心理學，強調有意識的思想和個人能動性在行為中的作用，並拒絕決定論。決定論的概念是複雜的和多方面的，它的含義在一系列學科中爭論不休。

偶然性和決定論是哲學中兩個相反的概念，它們之間的關係常常是爭論的話題。一般來說，偶然性指的是事件和事態不一定由先前的原因或自然法則決定，而是偶然或巧合產生的。決定論認為發生的一切都是由先前的原因或自然法則決定的，沒有機會或偶然性的餘地。

一種觀點認為，偶然性和決定論是不相容且相互排斥的。根據這種觀點，如果一切都由先驗原因或自然法則決定，那麼世界上就不可能存在真正的偶然性或偶然性。相反，如果世界上真的存在偶然性，那麼決定論就一定是錯誤的。

然而，也有一些哲學家認為，偶然性和決定論在某種意義上可以共存。例如，他們爭辯說某些事件或事態在更大的確定性框架內是偶然的。雖然事件的總體進程可能已經確定，但在這個更大的框架內可能仍然存在一些機會或偶然因素。

例如，拋硬幣的結果可能由物理定律決定，但結果仍然取決於各種因素，例如硬幣的初始位置、拋硬幣的力量和角度

等。同樣，某些自然災害的發生可能由各種物理定律和因素決定，但這些事件的準確時間和地點可能仍取決於各種偶然因素。

有些人認為決定論和隨機性是不相容的，也就是說，如果某事物是確定性的，那麼它就不可能是隨機的，反之亦然。其他人則認為確定性和隨機性可以共存，這意味著某些事物可以同時具有確定性和隨機性，或者現實的某些方面是確定性的而其他方面是隨機的。

確定性和隨機性如何共存的一個例子是高爾頓板 Galton Board，一種說明確定性定律如何產生概率行為的機械設備。這高爾頓板由一塊直立的板組成，板上有一排排的釘子，這些釘子形成了多條路徑，彈珠可以沿著這些路徑從上到下滾動。彈珠在頂部落下，遇到釘子時會選擇向右或向左的路徑。在傳統版本中，這些路徑中的每一個在每個掛鉤處的可能性均等。在底部，彈珠堆積在一組格子中。

每個彈珠的行為都是確定的，這意味著它遵循一組固定的規則，這些規則根據其初始位置和速度以及釘子的形狀和位置來確定其路徑。然而，彈珠的行為也是隨機的，這意味著我們無法確定每個彈珠最終會進入哪一格，但我們可以使用概率論對許多彈珠的分佈進行精確預測。彈珠在格中的分佈遵循二項分佈，隨著彈珠數量的增加，它近似於正態分佈（也稱為鐘形曲線）。

確定性和隨機性如何共存的另一個例子是量子力學，這是

一種描述電子和光子等亞原子粒子行為的物理理論。量子力學基於確定性的數學方程，這意味著它們指定了量子系統的狀態如何根據其初始條件隨時間演變。然而，量子力學還涉及物理概率或機會，描述了在測量量子系統時觀察到特定結果的可能性有多大。例如，在著名的雙縫實驗中，在雙縫實驗中，一束光或其他粒子（如電子或中子）通過具有兩個狹縫的屏幕。當只有一個狹縫打開時，光或粒子會形成一個傳統的狹縫干涉圖案，類似波的干涉效應。然而，當兩個狹縫都打開時，出現了一個非常奇特的現象。光或粒子形成了一個干涉條紋圖案，就像波一樣，即使它們是以粒子的形式進入的。

實驗結果表明光和粒子具有雙重性質，既可以表現出粒子的特徵，也可以表現出波的特徵。當觀測或測量時，光或粒子會呈現出確定的粒子特性，例如位置和動量。然而，在未觀測或未測量的情況下，它們表現出波動性，並呈現干涉圖案。

雙縫實驗挑戰了傳統的經典物理學觀念，揭示了量子物理學中波粒二象性的奇特現象。它表明，粒子的行為在觀察前是不確定的，並且觀察過程本身影響了實驗結果。這個實驗也引發了對於現實世界本質和觀察者角色的哲學和解釋上的討論。

這些只是決定論和隨機性如何在科學和數學的不同領域中共存的例子。可能有其他方式來理解和定義這些概念，以及關於它們如何相互關聯的其他觀點。人們可能會說決定論和隨機性不是相互排斥的，而是描述和解釋現實的互補方式。

5.5 上帝必然存在？

　　模態邏輯在各個領域都有許多實際應用，包括哲學和電腦科學。在哲學中，模態邏輯可用於推理各種哲學語境中的必然性、可能性和偶然性。例如，在形而上學中，模態邏輯可用於推理現實的本質和交替世界的可能性。在倫理學中，模態邏輯可用於推理道德必然性和倫理原則具有普遍性或偶然性的可能性。

　　在電腦科學中，模態邏輯廣泛用於開發用於自動推理和知識表示的形式系統。例如，模態邏輯可用於推理電腦程序的行為並驗證算法的正確性。此外，模態邏輯已被用於自然語言處理，以分析自然語言表達式的含義並推理命題之間的關係。

　　模態邏輯在哲學中的一個應用是關於上帝存在的本體論論證。這個論點首先由聖安瑟倫在11世紀提出，論證上帝的概念必然包含存在。論證如下：如果上帝被定義為最偉大的可能存在，那麼根據定義，上帝必須擁有所有的完美，包括存在。如果上帝不存在，那麼他就不會是最偉大的存在，因為存在是一種完美。因此，上帝必然存在。

　　簡而言之，上帝存在的本體論論證基於對上帝的定義，試圖通過推理證明上帝的存在是必然的。然而，該論證存在一些爭議和批評，例如：對上帝的定義是否過於主觀；是否存在多

種不同的定義和理解；證明是否基於理性，而不是基於經驗等等。

在電腦科學中，模態邏輯用於各種形式系統，例如模態邏輯編程語言，用於表示和推理智能系統中的知識和信念。例如，編程語言 P-logic使用模態運算符來表示多代理系統中代理的信念和偏好。同樣，模態邏輯用於軟件驗證和測試的形式化方法的開發，其中模態公式用於指定軟件組件的預期行為。

模態邏輯在哲學和電腦科學中有著廣泛的應用，其用處在於能夠用於必然性、可能性和偶然性等複雜概念的推理。它的應用從形而上學和倫理學擴展到自然語言處理和智能系統的開發，使其成為推理世界和我們為理解世界而構建的系統的重要工具。

在電腦科學中，模態邏輯廣泛應用於人工智能、機器人和自然語言處理等領域。在自然語言處理中，模態邏輯可以用來表示和推理自然語言語句的含義。在機器人技術中，模態邏輯可用於根據當前狀態和預期目標對環境進行推理併計劃行動。

在哲學中，模態邏輯用於探索與可能性、必然性和偶然性相關的問題。例如，模態邏輯可用於探索自由意志和決定論的本質，交替宇宙或現實的可能性，以及上帝的本質和全知全能等神聖屬性。

它使用模態邏輯論證上帝作為必然存在的概念，暗示了他的存在。模態邏輯的另一個應用是在倫理學研究中，它可以用來推理道德和倫理原則以及道德困境的可能性。

5.6 模態邏輯與人工智能

在電腦科學中,模態邏輯被用於人工智能、自然語言處理和數據庫管理系統等各個領域。例如,在自然語言處理中,模態邏輯用於解釋表達必然性或可能性的句子的含義,例如「 It is necessary that John is hungry」或「It is possible that Mary is happy」。在數據庫管理系統中,模態邏輯用於表示和推理數據的屬性,例如一致性和完整性。

在人工智能中,模態邏輯用於對知識和信念進行推理。例如,多代理系統中的代理可以使用模態邏輯來推理其他代理的信念和意圖。模態邏輯也可用於推理動作,允許代理通過推理其影響和可能的結果來計劃和執行複雜的動作。

模態邏輯的另一個應用是在法律推理分析中。模態邏輯可用於表示法律規則和推理法律案件的可能結果。例如,模態邏輯可以根據相關的法律規則和案件的具體情況來判斷特定行為是否合法。例如,佳佳被指控犯下一宗謀殺罪。根據法律規定,如果佳佳犯下謀殺罪,那麼他必定會面臨刑事起訴。因此,根據模態邏輯的推理,我們可以得出結論:如果佳佳犯下了謀殺罪,那麼他將面臨刑事起訴。

在哲學中,模態邏輯用於探索形而上學和認識論問題,而在電腦科學中,也用於建模和驗證軟件和硬件系統。通過使用

模態算子和可能世界，模態邏輯提供了一個框架來推理不確定和多變的環境，使其成為許多研究和開發領域的寶貴工具。

模態邏輯在電腦科學中應用的一個例子是模態邏輯編程語言的開發，例如 Lambda-Prolog和 Modal Mu-Calculus。這些語言允許表示複雜的模態概念，例如必然性和可能性，並可用於推理系統和過程的模態屬性。另一個例子是在知識表示和推理領域，模態邏輯用於表示和推理不確定或不完整的信息。

$6.$ 非經典邏輯：黑白灰

在這個陽光普照的午後，我——斯蒂芬·霍金——正在劍學的學術園地中，沉醉於我那無窮無盡的研究中。我專注地盯著螢幕，思考著宇宙的秘密。一聲清亮而堅定的女聲突然打斷了我。

「霍金教授，我需要你的幫助。」 我抬頭看去，看到一個熟悉的身影在窗口外懸停。這不是一個普通的身影——那是神奇女俠。

我迴旋我的輪椅，微笑著迎接她，我說：「神奇女俠，你的到訪給我帶來了巨大的驚喜。請告訴我，我能如何協助你呢？」

神奇女俠的臉上掛著一絲困惑。她說：「霍金教授，我現在正面對一個難題。我需要決定是否應該干預一場正在發生的衝突。可是，我對此事的正確性並不完全確定。我知道傳統的邏輯無法幫我找到答案，因為它只提供『是』或『否』的結論。然而，我知道現實世界卻遠比這更加複雜。我不確定你是否能為我解答，但我認為你可以給我一些啟發。」

我點點頭，回答道：「你的問題確實會使人感到煩惱，神奇女俠。我理解你的困惑。在現實世界中，很多問題並不能用簡單的『是』或『否』來回答。這就是為什麼我們需要一種叫

做模糊邏輯的工具來處理這種模糊性。」

　　神奇女俠看起來有些驚訝，她問道：「模糊邏輯？那是什麼？」

　　我繼續解釋：「模糊邏輯是一種可以處理不確定性和模糊性的邏輯系統。在模糊邏輯中，真值不再是絕對的『是』或『否』，而是一個在 0和 1之間的值。所以，如果我們用模糊邏輯來看待你的問題，我們可能不會說干預這場衝突絕對是對或錯，我們可以說干預的正確性在某種程度上介於0和 1之間。

　　「在傳統的二元邏輯中，我們習慣於以『是』或『否』的形式思考，事物只能是黑或白、對或錯。然而，現實生活中的許多情況並非如此絕對。例如，我們可以說一個人是高還是矮，但高或矮的標準是多少呢？一個人如果高於 1.8米我們認為他高，那麼如果他是 1.79米呢？這就需要一種可以處理此類問題的邏輯系統，這就是模糊邏輯。

　　「模糊邏輯認為事物的性質並非絕對的『是』或『否』，而是介於『是』或『否』之間的一種程度。這種程度可以用介於 0（完全否定）和 1（完全肯定）之間的任何數值來表示。比如，一個人高1.8米，我們可以說他的高度的真值是 1，如果他高 1.79米，我們可以說他的高度的真值是 0.95。這樣就能給出一種較為精確的描述，處理現實生活中的模糊性問題。

　　「模糊邏輯不僅可以用於描述個體的性質，也可以用於決策。例如，在你面對是否應該介入衝突的問題時，你可以根據模糊邏輯將所有相關的因素——例如，介入可能導致的風險、

衝突的嚴重程度、你的能力等等——都量化為模糊的真值，然後再綜合這些真值來得出最終的決策。這樣，你的決策就不再是絕對的『是』或『否』，而是一種基於全面考慮的可能性。

希望這些能幫助你更好地理解並應用模糊邏輯。」

神奇女俠似乎明白了，她點點頭，感激地說：「我明白了，霍金教授。我會去考慮你給我的建議，並看看如何將模糊邏輯應用到我的決策中。我真的很感謝你的幫助。」

當我看著神奇女俠飛向天際，我感到十分滿足。不論是生活在學術世界的科學家，還是為正義而戰的超級英雄，我們都需要一種方法來處理那些傳統邏輯無法處理的地方。這就是模糊邏輯的魅力所在，它能提供一種新的視角，讓我們更好地理解並應對這個多變而又充滿不確定性的世界。

6.1 非經典邏輯：二元以外

　　非經典邏輯是指偏離基於亞里士多德的三段論和命題和謂詞演算的經典邏輯框架的一系列邏輯系統。這些系統包括模態邏輯、直覺邏輯、副一致性邏輯和模糊邏輯等。

　　非經典邏輯的出現，主要是認識到經典邏輯在解決一系列現象和問題存在局限性。例如，經典邏輯採用了排中原理，斷言任何陳述要麼為真要麼為假。然而，這個假設在某些情況下可能不成立，例如量子力學或在模糊或歧義的情況下。

　　模態邏輯處理關於模態的推理，例如必然性和可能性，這些在經典邏輯中無法充分掌握。直覺主義邏輯拒絕排中律，並側重於建設性證明和可證明性概念。副一致性邏輯允許矛盾陳述的存在，並尋求開發一個邏輯框架來進行矛盾推理。模糊邏輯允許一定程度的真實性和模糊性。

　　非經典邏輯在哲學、電腦科學和人工智能中有著重要的應用。模態邏輯廣泛用於關於必然性和可能性的哲學辯論，並在電腦科學中有應用，例如關於知識和信念的推理。直覺邏輯在證明論、構造性數學和編程語言中都有應用。副一致性邏輯用於知識表示和推理系統，其中可能會出現相互矛盾的信息。模糊邏輯在存在不確定性和不精確性的控制系統和決策過程中的應用。

　　非經典邏輯提供了一套豐富多樣的邏輯系統，可以解決

超出經典邏輯限制的範圍廣泛的問題和現象。它的應用是多樣的、跨學科的，橫跨哲學、電腦科學、人工智能等眾多領域。

　　非經典邏輯是一個廣義術語，指的是一系列偏離經典邏輯標準假設的邏輯系統。這些系統通常涉及處理邏輯連接詞的不同規則、對真值的不同解釋或處理不確定性和模糊性的不同方式。

　　非經典邏輯的一個重要例子是直覺邏輯，它是由荷蘭數學家 L.E.J. Brouwer於 20世紀初發展起來的。直覺邏輯拒絕排中原理（該原理認為每個命題要麼為真要麼為假），而是認為某些命題可能既不真也不假。這反映了 Brouwer的哲學觀點，他認為數學對像不是抽象實體，而是人類思維的構造。

　　非經典邏輯的另一個重要例子是我們已經討論過的模態邏輯。模態邏輯關注模態的研究，例如必然性和可能性，以及它們與真理和知識的關係。模態邏輯用於一系列哲學應用，例如形而上學和認識論問題的分析，以及用於人工智能和自然語言處理的電腦科學。

　　模糊邏輯是非經典邏輯的另一個例子，它在一系列領域都有應用，包括工程、經濟學和語言學。模糊邏輯是一種允許真實度的邏輯系統，而不是經典邏輯的二元真／假區分。這在命題的真實性可能模糊或不確定的情況下很有用，並且容許更細緻和靈活的推理。

　　非經典邏輯代表了更廣泛的邏輯領域中的一個重要研究領域，並且在從哲學和數學到電腦科學和工程的一系列領域中都有重要的應用。

6.2 直覺邏輯和構造數學

　　直覺邏輯已作為經典邏輯的替代品而發展起來。它的基本觀點是，一個陳述的真值取決於支持它的可用證據，而不是它的正式結構或相反證據的缺乏。這種邏輯方法是在 20世紀初由 L.E.J.Brouwer和 Arend Heyting等數學家開發的。直覺邏輯基於一種觀點，即陳述的真實性只能通過構建證明來確定。這與經典邏輯相反，後者允許使用反證法和排中律。直覺邏輯是在20世紀初作為數學中更廣泛的建構主義運動的一部分而發展起來的，它強調構造性證明的作用並拒絕使用非構造性方法。構造性證明是一種在數學中常見的證明方法，它不僅需要證明一個結果的存在，還需要提供一種方法或一種構造來獲得這個結果。

　　舉一個簡單的例子來說明。假設我們需要證明存在一個數可以被2整除。在非構造性的證明方法中，我們可能會說：「我們知道偶數是可以被 2整除的，而偶數是存在的，所以存在一個數可以被 2整除。」這種證明雖然確實證明了存在一個可以被 2整除的數，但它並沒有給出一個具體的數。

　　在構造性證明中，我們會這樣說：「比如，數字 4就是一個可以被 2整除的數。」這裡我們不僅證明了存在一個可以被2整除的數，還給出了一個具體的例子。

構造性證明在許多數學領域中都非常重要，特別是在數理邏輯和理論計算機科學中。構造性證明有助於我們更深入地理解數學結構，並且在許多情況下指導設計算法和計算方法。

　　在直覺主義邏輯中，一個陳述的有效性取決於是否可以給出它的構造性證明。這意味著並非所有在經典邏輯中為真的陳述在直覺主義邏輯中都必然為真。例如，排中律（每個陳述要麼為真要麼為假的原則）在直覺主義邏輯中是無效的，因為它不能被建設性地證明。同樣，在直覺主義邏輯中不允許反證法，因為它涉及假設一個陳述的否定，然後推導出一個矛盾。

　　直覺邏輯在構造性數學中有重要的應用，構造性數學是數學的一個分支，其基礎是每個數學對像都應該被構造性地定義。在構造性數學中，重點是構造性證明和算法，而不是存在性證明和非構造性方法。這種方法導致了數學新領域的發展，例如構造分析和構造代數，為分析和代數提供了替代基礎。

　　在直覺主義邏輯中，只有當有證據支持它或者它可以從現有證據中構建時，一個陳述才被認為是正確的。這種方法導致了新的邏輯聯結詞的發展，例如直覺蘊涵和直覺否定，它們反映了直覺推理的構造性質。

　　直覺邏輯最重要的應用之一是在構造數學中，這是數學的一個分支，強調數學推理的構造性質。構造數學拒絕使用非構造方法，如排中律和反證法，而是注重通過顯式方法構造數學對象。這種方法導致了數學新分支的發展，例如構造分析和直覺集合論，為基於直覺邏輯的數學提供了替代基礎。

使用直覺邏輯的一個例子是在電腦科學中，特別是在編程語言和類型理論的發展中。直覺邏輯為程序推理提供了一個自然框架，因為它強調計算的建設性方面。這導致了基於直覺邏輯的編程語言類型系統的開發，例如構造微積分和 Curry-Howard對應。

以下是一些直覺邏輯和構造數學的例子：

1.排中律（LEM）指出對於任何命題，它要麼為真，要麼其否定為真。然而，在直覺邏輯中，LEM被拒絕，並且不假定每個命題都必須為真或為假。例如，在構造數學中，陳述「存在一個 x使得 f（x）＝0」並不意味著否定「存在一個 x使得 f（x）≠ 0」。

2.直覺邏輯也拒絕雙重否定消除原則。也就是說，「P並非如此」這一事實並不意味著「P」。例如，在構造數學中，「f（x）＝0不存在解」並不意味著「f（x）≠ 0存在解」。

3.在構造性數學中，「證明」的概念經常被重新定義為包括計算元素。例如，構造性數學家通常不是簡單地證明某個數學對象存在，而是提供構造該對象的方法。

4.構造數學還強調有限性和構造算法的重要性。例如，在構造性數學中，某個函數連續的證明將涉及一個特定的算法，用於在任何給定點周圍構造任意小的區間。

5.在直覺主義邏輯中，Brouwer-Heyting-Kolmogorov解釋提供了構造性證明和直覺主義公式之間的對應關係。這種解釋

為直覺數學的發展提供了基礎。

6.直覺邏輯還在電腦科學中找到了應用，特別是在構造類型理論領域。例如，編程語言 Coq基於構造類型理論，使用直覺邏輯來驗證程序的正確性。

在直覺主義邏輯中，只有當存在其真實性的建設性證明時，命題才被認為是真實的，這意味著該證明必須能夠被人類驗證。這與經典邏輯形成對比，在經典邏輯中，如果命題在邏輯上有效，則該命題被認為是正確的，而不管是否存在可由人類驗證的證據。

直覺邏輯與構造數學哲學密切相關，構造數學主張數學對像只有在可以構造時才存在。這與古典數學形成對比，古典數學採用柏拉圖主義的方法並斷言數學對象獨立於人類思想而存在。

直覺主義邏輯的一個關鍵特徵是拒絕排中律（即一個命題必須是真或假，沒有中間地帶）。在直覺主義邏輯中，情況不一定如此，因為一個命題可能無法證明或反駁。

直覺邏輯的應用超出了數學領域，被用於電腦科學和人工智能等領域，在這些領域中，構造性證明對於驗證算法和程序的正確性是必不可少的。它也被用於圍繞真理的本質和人類知識的局限性的哲學辯論。

與允許存在無法構造的對象的經典數學不同，構造數學僅考慮可以明確構造的對象。這種數學方法在電腦科學和密碼學中具有實際應用，能夠證明算法和協議的正確性非常重要。

例如，在密碼學中，能夠證明密碼協議是安全的很重要。構造性數學為此提供了一個框架，要求所有證明都是構造性的，並且所有對象都是明確構造的。這種方法確保協議的安全性可以得到嚴格驗證，而不是依賴於未經證實的假設。

　　直覺邏輯和構造數學也被應用在數學哲學中，它們被用來探索數學的基礎以及數學對象與世界之間的關係。一個值得注意的例子是集合的直覺論，它拒絕無限集合的存在，而是關注有限集合的構造性質。

　　直覺邏輯和構造數學代表了對經典邏輯和數學的重要背離，並在從電腦科學到哲學的廣泛領域中找到了應用。雖然它們可能不像經典邏輯和數學那樣被廣泛使用，但它們提供了關於數學對象的性質以及我們對它們進行推理的方式的獨特視角。

6.3 關聯邏輯和信息檢索：蘋果是水果

關聯邏輯是一種非經典邏輯，處理推理中的關聯問題。在經典邏輯中，如果結論從前提邏輯上得出，則無論前提是否相關，論證都被認為是有效的。而相關性邏輯則會考慮前提與結論的相關性。

關聯邏輯的關鍵應用之一是信息檢索，特別是在搜索引擎領域。在傳統的搜索引擎中，查詢通常根據關鍵字匹配與大量文檔進行匹配，而不必考慮文檔與查詢的相關性。

相關性邏輯通過考慮文檔與查詢的相關性以及查詢與文檔的相關性，允許採用更細微的信息檢索方法。這可以通過使用相關性度量來實現，例如相關性分數或相關性排名。

例如，使用相關性邏輯的搜索引擎可以考慮查詢的上下文、用戶的搜索歷史和文檔的內容以確定每個文檔與查詢的相關性。這可以為用戶帶來更準確和相關的搜索結果。

在形式化方面，關聯邏輯的特點是在命題邏輯的語言中增加了關聯運算符。相關運算符，用 R表示，用於表示命題與給定上下文相關。相關性邏輯還包括一些旨在捕捉相關性概念的公理和推理規則。

關聯邏輯在信息檢索和其他領域有著重要的應用，在這些領域中關聯是推理和決策制定的關鍵因素。

在信息檢索中使用相關性邏輯的一個例子是搜索引擎的開發。搜索引擎使用算法從互聯網上的大量數據中檢索相關信息。相關性邏輯可用於通過確定哪些信息與特定搜索查詢相關而哪些不相關來改進這些算法。

例如，如果有人搜索「紐約市最好的餐館」，相關性邏輯算法會考慮搜索的上下文，例如查問人的位置和以前的搜索歷史，以確定哪些餐館與他們的查詢最相關。該算法還可以使用相關性邏輯來過濾掉不相關的餐館，例如已經關閉的餐館或不提供人們感興趣的食物類型的餐館。

在信息檢索中使用關聯邏輯的另一個例子是在自然語言的處理。關聯邏輯可用於幫助電腦通過考慮使用它們的上下文來理解自然語言中單詞和短語的含義。這有助於提高機器翻譯、文本摘要和其他自然語言處理任務的準確性。

例如，如果電腦試圖將法語句子「J'ai mangé une pomme」翻譯成英語「I ate an apple」，相關性邏輯可以幫助確定「pomme」是指蘋果而不是電腦或一種軟件。這是因為相關性邏輯會考慮使用該詞的上下文，例如「mangé」是一個表示「吃」的動詞，而「pomme」是一個名詞，通常指一種水果。

關聯邏輯是信息檢索和自然語言處理中的重要工具，可以幫助電腦更好地理解使用單詞和短語的上下文，從而獲得更準確和相關的結果。

在信息檢索中，相關性邏輯用於確定文檔與查詢的相關性。在此上下文中，如果文檔包含與查詢相關的信息，則該文

檔被認為是相關的。例如，如果用戶搜索有關「人工智能」主題的信息，則相關文檔將包含有關人工智能的信息，例如其歷史、應用或當前研究。

根據搜索結果與查詢的相關性，相關性邏輯也可用於對搜索結果進行排名。搜索引擎使用各種算法來確定文檔與查詢的相關性，例如關鍵字頻率、鏈接流行度和用戶行為。這些算法基於相關性邏輯原則，旨在將最相關的結果返回給用戶。

相關性邏輯的另一個應用是在自然語言處理中，用於確定句子或段落與特定主題或問題的相關性。例如，在幫助客戶在電子商務網站上尋找產品的聊天機器人中，可以使用關聯邏輯來理解用戶的查詢並提供相關的產品建議。

相關性邏輯在信息檢索和自然語言處理中起著重要作用，因為它有助於確定信息與特定查詢或主題的相關性。通過使用相關性邏輯原理和算法，搜索引擎和其他信息檢索系統可以為用戶提供更準確和相關的結果，改善整體用戶體驗。

關聯邏輯在電腦科學中有許多應用，特別是在信息檢索系統中。又以搜索引擎為例，它接受用戶的查詢並提供相關網頁的列表。相關性邏輯可用於通過檢查查詢中的術語與網頁中的術語之間的邏輯關係來確定每個網頁與用戶查詢的相關性。

例如，如果用戶搜索「dog food」（「狗糧」），搜索引擎可能會返回包含詞語「dog」和「food」的網頁列表。但是，相關性邏輯可通過檢查術語之間的邏輯關係來確定每個頁面的相關性。例如，一個只是順便提到「狗糧」的網頁可能不如一

個深入討論狗營養的網頁那麼相關。

關聯邏輯也可用於自然語言處理，其中確定句子中單詞和短語之間的邏輯關係很重要。例如，在「The cat chased the mouse」這句話中，可以通過關聯邏輯判斷「cat」這個詞與追逐的動作相關，而「mouse」這個詞是這個動作的對象。

相關性邏輯是信息檢索和自然語言處理的強大工具，可以讓電腦更準確地確定信息與給定查詢或上下文的相關性。

關聯邏輯是一種非經典邏輯，它關注論證中前提和結論之間的關係。它是針對經典邏輯的局限性而發展起來的，經典邏輯假設所有命題要麼為真要麼為假，並且每個結論都可以通過使用有效的推理規則得出。

相關性決定了一個特定的命題是否與論證的結論相關。這意味著並非所有命題都得到平等對待，有些命題可能被認為無關緊要甚至具有誤導性。

關聯邏輯背後的理論基於這樣一種觀點，即邏輯推理不僅僅是對符號的形式處理，還涉及對命題意義和上下文的更深入理解。它認識到相關性是一個上下文概念，取決於特定情況和推理過程的目標。

在關聯邏輯中，一個命題的真實性不僅取決於它的真值，還取決於它與整個論證的相關性。這意味著如果一個命題與論證的結論無關，則它可能既非真也非假，而是不確定的。

關聯邏輯為邏輯推理提供了一種更加細緻和上下文敏感的方法，它考慮了現實世界情況的複雜性和形式邏輯的局限性。

關聯邏輯背後的理論基於這樣一種思想，即在評估論點時只應考慮與給定上下文相關的命題。它拒絕爆炸原理，該原理允許從矛盾中得出任何結論。

在相關性邏輯中，命題是根據它們與給定上下文的相關性來評估的，並且只考慮那些相關的命題。這與經典邏輯相反，在經典邏輯中，所有命題都在評估論證時被考慮，而不管它們的相關性。

相關性邏輯通常用於信息檢索，其中僅檢索與給定查詢相關的信息很重要。通過使用關聯邏輯，可以提高信息檢索系統的準確性和效率。

信息檢索中相關性邏輯的一個例子是相關性反饋的使用，其中要求用戶替搜索結果的相關性評級，系統根據此反饋調整其搜索。這種方法可以顯著提高搜索結果的準確性，減少返回給用戶的不相關信息量。

相關性邏輯的另一個例子是使用語義分析來確定搜索結果的相關性。通過分析查詢和正在搜索的文檔的語義，可以僅識別和檢索與查詢相關的文檔。

6.4 不確定性推理

模糊邏輯和不確定性推理

這是非經典邏輯的重要分支，它們處理類別之間的界限不明確或可用信息不完整或不精確的情況。模糊邏輯通過允許真實度或類別成員資格而不是二元真／假值來提供處理此類情況的框架。不確定性推理涉及不確定條件下的推理，例如當可用信息不完整或行動結果不可預測時。

模糊邏輯的應用範圍很廣，包括控制系統、專家系統、圖像處理和自然語言處理。例如，在溫度控制系統中，模糊邏輯可用於根據輸入範圍調整溫度，例如當前溫度、所需溫度和溫度變化率。

不確定性推理也被用於各種領域，例如人工智能、決策理論和金融。例如，在決策理論中，不確定性推理可用於權衡決策的潛在結果並為每個結果分配概率，從而實現更明智的決策過程。

模糊邏輯和不確定性推理是處理可用信息不完整或不精確情況的重要工具，可以做出更加細緻和準確的決策。

模糊邏輯是一種非經典邏輯，它處理不確定或模糊情況下的推理，通常用於以更能反映人類推理的方式來表示和操縱主觀或不精確的信息。

與處理明確的真／假區別的經典邏輯相比，模糊邏輯允許特定集合中的真實度或成員資格。這是通過使用成員函數來實現的，該函數根據元素與給定原型的相似程度為集合中的元素分配一定程度的成員資格。

　　模糊邏輯在控制系統、決策制定、人工智能、圖像處理等各個領域有著廣泛的應用。例如，它可通過考慮交通擁堵程度和駕駛者偏好來控制高速公路上汽車的速度，或者根據圖像與給定原型的相似程度對圖像進行分類。

　　模糊邏輯的另一個重要方面是不確定性推理，它處理在不完整或不確定信息下的推理。這在無法獲得精確測量或完整知識的情況下特別有用，例如醫療診斷或天氣預報。

　　模糊邏輯和不確定性推理為處理複雜和不確定的現實世界情況提供了靈活而強大的框架，並且在許多研究和應用領域中變得越來越重要。

　　模糊邏輯可以以多種方式應用，特別是在存在不確定性或不精確性的情況下。一個例子是在工程領域，模糊邏輯可以用於控制系統以創建更高效和響應更快的機器。例如，模糊邏輯可用於空調系統的控制，以根據房間內不斷變化的條件調整溫度和濕度水平。

　　模糊邏輯也可以應用於決策過程，特別是在存在多個變量且沒有明確答案的情況下。例如，模糊邏輯可用於財務分析，根據市場趨勢、歷史數據和經濟指標等多種因素評估投資風險。

模糊邏輯的另一個應用是在自然語言處理中，它可以用來分析和解釋含糊或歧義的語言的含義。例如，模糊邏輯可用於語音識別系統，以理解不精確或不完整的口頭命令。

　　模糊邏輯是處理不確定性和不精確性的數學框架。它基於 Lotfi Zadeh在 1960年代提出的模糊集理論。模糊集通過允許成員資格是一個程度問題而不是二元的是或否來擴展經典集。換句話說，一個元素可以在一定程度上屬於模糊集，而不是完全屬於或完全不屬於。

　　模糊邏輯的數學涉及使用隸屬函數定義模糊集，該函數為集合中的每個元素分配隸屬度。隸屬函數可以採用多種不同的形式，一種常見的方法是使用從 0到 1平滑變化的 S型函數。

　　除了模糊集，模糊邏輯還包括模糊規則和模糊推理系統。模糊規則是「如果 A是 X，則 B是 Y」形式的陳述，其中 A和 B是模糊集，X和Y是語言術語（例如，「非常高」、「低」、「中等」）。模糊推理系統使用模糊規則和模糊集來根據不確定或不完整的信息做出決策。

　　在模糊邏輯中，真值定義在 0到 1之間的連續範圍內，而不僅僅是真或假。陳述的真值由隸屬函數表示，它確定給定元素屬於特定集合的程度。

　　模糊邏輯背後的數學涉及模糊集和模糊邏輯運算符的使用。模糊集是其中每個元素的隸屬度介於 0和 1之間的集合。模糊邏輯運算符用於組合模糊集並進行模糊推理。

　　最常用的模糊邏輯運算符是並集、交集、補集和蘊涵運

算符。並集運算符結合兩個模糊集，而交集運算符找到兩個模糊集之間的重疊。補碼運算符確定元素不屬於特定集合的程度。蘊涵運算符根據前提的真值確定結論的真實程度。（蘊涵運算（也稱為條件運算）用於表示「如果 ...那麼 ...」的關係，即一個命題（通常稱為前提或條件）導致另一個命題（稱為結果）。這種蘊涵關係通常表示為「P -> Q」，意思是「如果 P，那麼 Q」。）

模糊邏輯中使用的其他數學工具包括模糊推理、模糊算法、模糊決策和模糊優化。這些工具用於分析和解決涉及不確定性和不精確性的複雜問題。

模糊邏輯與不確定性推理的關係

模糊邏輯和不確定性推理密切相關，因為它們都處理可用信息中存在歧義或不精確的情況。模糊邏輯是一種數學框架，允許在陳述的真實性未明確定義的情況下推理，而不確定性推理則涉及對不確定信息的表示和推理。

在模糊邏輯中，陳述的真實程度由 0 到 1 之間的值表示，0 表示完全錯誤，1 表示完全正確。這允許在有灰色陰影的情況下進行更細緻的推理，而不僅僅是黑色或白色。另一方面，不確定性推理涉及使用概率論、信念網絡和決策論等方法，對不確定信息進行表示和推理。它允許在結果不確定或信息不完整的情況下做出決策。

概率論、信念網絡和決策論

　　概率論、信念網絡和決策論是密切相關的概念，廣泛應用於統計學、經濟學、人工智能和工程學等領域。

　　概率論是對隨機事件或過程的研究，其中事件的結果是不確定的。它為分析不確定事件和計算其發生概率提供了一個數學框架。概率論用於對各種現象建模，例如天氣、股票市場和人體等複雜系統的行為。

　　信念網絡，也稱為貝葉斯網絡或概率圖形模型，是一種概率模型，表示一組隨機變量之間的依賴關係。

　　信念網絡通常用於為具有不確定或不完整信息的複雜系統建模，例如醫療診斷或財務預測。通過對變量之間的關係及其概率進行建模，信念網絡可以幫助在不確定的情況下進行推理和決策。

　　決策理論研究人們在不確定情況下如何做出決策，目的是確定最佳行動方案。它涉及分析可用的選項，評估它們的潛在結果和概率，並根據某些標準或偏好選擇最佳選項。決策理論經常用於經濟學、商業和工程學，以及人工智能和機器學習。

　　這些概念背後的數學涉及概率分佈、條件概率、期望值、效用函數和博弈論。這些數學工具允許在不確定的情況下對複雜系統和決策進行建模和分析。

　　概率論、信念網絡和決策論是對不確定情況進行建模和推理的強大工具，並在從金融到醫療保健再到人工智能的許多領域都有應用。

6.5 爆炸了

副一致性邏輯（Paraconsistent logic）

　　一種非經典邏輯，允許相互矛盾的命題同時為真或為假的可能性，而不會損害系統的一致性。副一致性邏輯旨在處理不一致推理。在傳統邏輯中，如果一個論證包含矛盾或不一致，則該論證被認為是無效的。然而，副一致性邏輯允許存在矛盾的可能性，並旨在為推理此類情況提供一個框架。

　　在副一致性邏輯中，矛盾不一定被視為使論證無效，而是強調命題的真值不確定或不確定的情況。副一致性邏輯提供了一種處理此類情況的方法，可以避免邏輯不一致，同時仍然允許不確定性的可能性。

　　副一致性邏輯的一個關鍵特徵是使用非爆炸性否定，這意味著命題的否定不一定意味著它的反面。這允許採用更細微的方法來推理矛盾或不一致的命題。

　　副一致性邏輯的應用包括在人工智能、電腦科學和哲學等領域。在人工智能和電腦科學中，副一致性邏輯用於開發可以推理不一致或不確定數據的智能系統。在哲學中，副一致性邏輯被應用於諸如真理的本質和邏輯悖論問題等問題。

　　副一致性邏輯為處理不一致推理提供了一個有價值的工具，並提供了一個關於真理的本質和邏輯有效性的新視角。

副協調邏輯的發展可追溯到 20世紀初，波蘭邏輯學家揚·盧卡西維茨（Jan Łukasiewicz）提出了一個允許矛盾存在的三值邏輯系統。其後，巴西哲學家牛頓達科斯塔對副協調邏輯的發展做出重大貢獻，引入了允許矛盾命題共存的副協調否定的概念。

　　相較於經典邏輯，副一致性邏輯更加寬鬆，允許存在某些情況下無法確定命題真假的情況。現在，我們來更深入地探討副一致性邏輯的概念和特點。

　　在經典邏輯中，如果存在一個矛盾，即前提盾，那麼可以推出任何命題，這就是 ex falso quodlibet的原理，直譯為「從假的可以推出任何東西」，這是一種邏輯推理原則，也被稱為爆炸律（principle of explosion）或者偽理律。但在副一致性邏輯中，存在一些情況下命題的真假是未定的或不確定的，因此命題的矛盾並不一定會導致任何結論都是真的。因此，副一致性邏輯提供了一種更加靈活和精確的方式處理前提矛盾的情況，避免了 ex falso quodlibet所可能導致的荒謬和不合理的結論。

　　Ex falso quodlibet指出，如果一個前提是假的，那麼可以從這個前提推出任何結論，即使這些結論與現實世界完全不符。

　　請看以下論證：

　　1.如果月球是由綠色奶酪構成的，那麼地球上的餐廳將會出售綠色奶酪。

　　2.月球是由綠色奶酪構成的（這個前提是假的）。

　　3.因此，地球上的餐廳將會出售綠色奶酪（這個結論是不合理的）。

這個論證違反了常識和現實世界的知識，但是根據 ex falso quodlibet爆炸原理，這個論證仍然是合法的，因為它符合邏輯的規律。這也是 ex falso quodlibet原理的一個缺點，因為它可能導致荒謬和不合理的結論。

在經典邏輯中，一個命題只能是真或假，不存在中間狀態。例如，「今天是星期五」這個命題要麼是真的，要麼是假的，不存在其他可能性。

在某些情況下，命題的真假並不是絕對確定的，這就是副一致性邏輯的重要應用場景之一。例如，考慮一個著名的悖論：「我所說的一切都是假的。」如果這個命題是真的，那麼這個說話者所言的一切都是假的，包括「我所說的一切都是假的」這個命題本身，因此這個命題又是假的。這種情況下，命題的真假變得無法確定。

為了處理這種情況，副一致性邏輯允許存在某些情況下命題的真假是未定的。具體來說，副一致性邏輯允許在某些情況下，命題既不是真的也不是假的，而是未定的或不確定的。這種狀態被稱為「矛盾狀態」或「不確定狀態」。

以下是一些副一致性邏輯的例子：

1.多重重言式（Multivalued Tautologies）：在經典邏輯中，命題的真假只有兩種可能，但在副一致邏輯（paraconsistent logic）中，允許矛盾存在而不會引發爆炸（即從矛盾推導出任何命題）。由於這一特性，副一致邏輯的重言式會與經典邏輯有所不同。

在 LP（Priest's Logic）的副一致邏輯系統中，以下是一些多重重言式的例子：

P → P: 這表示一個命題必然導致其自身。

P ∨ ¬¬P: 這表示一個命題是真，或者它不是不真的。請注意，這與經典邏輯的排中律不同，排中律在副一致邏輯中通常不被接受。

（（P → Q）∧（Q → R））→（P → R）：表示如果 P 導致 Q，並且 Q 導致 R，那麼 P 必然導致 R。這是傳統的假言三段論的形式。

由於副一致邏輯的目標是容忍矛盾，因此一些在經典邏輯中被視為重言式的表達式，如「爆炸律」（P ∧ ¬P → Q）在副一致邏輯中通常並不是重言式。

2. 非二分律（Law of Non-Bivalence）：在經典邏輯中，一個命題要麼是真的，要麼是假的，不存在中間狀態。但在副一致性邏輯中，存在一些命題既不是真的也不是假的，而是未定的或不確定的。例如，「這個命題是假的」這個命題既不是真的也不是假的，因為如果它是真的，那麼它就是假的，而如果它是假的，那麼它又是真的，因此命題的真假是未定的。

3. 三段論不成立（Failure of Syllogisms）：在經典邏輯中，三段論是一個常見的推理方式，但在副一致性邏輯中，三段論不一定成立。例如，考慮以下三個命題：「所有的人都是動物」、「所有的動物都是有生命的」、「所有的人

都是有生命的」。在經典邏輯中，這個推理是成立的，但在副一致性邏輯中，這個推理是不成立的，因為存在某些情況下，命題的真假是未定的或不確定的。

副一致性邏輯的應用例子是在人工智能和機器人領域。在複雜系統中，同時存在多個相互矛盾的輸入並不少見。副一致性邏輯系統可以在不影響系統整體一致性的情況下處理和評估這些輸入。

另一個例子可以在形而上學的研究中找到，其中可以使用副一致性邏輯來探索相互矛盾的命題同時為真或為假的可能性。

巴西邏輯學家 Newton da Costa 在 1960 年代首次提出副一致性邏輯，作為經典邏輯的替代方案。副一致性邏輯背後的基本思想是允許矛盾為真，區分不同類型的矛盾並提供用它們進行推理的框架，而不會導致整個邏輯系統崩潰。

副一致性邏輯不同於經典邏輯的主要方式之一是允許非爆炸。在經典邏輯中，矛盾的存在導致系統爆炸，這意味著任何東西都可以從矛盾中推導出來。然而，在次協調邏輯中，矛盾的存在並不一定會導致系統崩潰。

副一致性邏輯有幾種不同的方法，包括認為某些矛盾是真實的二神論和相關邏輯，它側重於推理中的相關性概念。

在量子力學的研究中，副一致性邏輯可以將相互矛盾的屬性歸因於同一對象而不會導致不一致。另一個例子是在法律推理中，可能需要考慮證詞和證據的不一致。

副一致性邏輯的一個例子是「辯證」方法，它試圖通過引入

第三個元素或綜合來解決矛盾。這種方法經常用於哲學等領域，在這些領域中，爭論可能涉及相互衝突的想法或信仰。副一致邏輯的另一個例子是「相關性」方法，它試圖通過只考慮論證的相關部分而忽略可能導致矛盾的不相關部分來避免瑣碎化。

7. 走向 AI

關鍵概念和想法

在整個邏輯討論中，我們探索了幾個世紀以來發展和完善的各種關鍵概念和思想。我們首先概述了邏輯的早期形式，包括亞里士多德等古代哲學家的貢獻，並通過符號邏輯、謂詞邏輯和模態邏輯的發展追溯了邏輯的演變。

我們研究了歸納推理和概率論的作用，並探索了邏輯在從哲學到電腦科學再到決策制定等各個領域的應用方式。我們還觸及了相關邏輯、模糊邏輯和副協調邏輯等更專業的領域。

自始至終，我們都強調了邏輯推理中精確、清晰和嚴謹的重要性，以及仔細評估論證有效性和合理性的必要性。我們還強調了邏輯的局限性和挑戰，包括處理不確定性的困難和推理不一致的可能性。

我們對邏輯的探索使我們對推理的基本原理以及將這些原理應用於廣泛的實踐和理論問題的方式有了更深入的理解。

在對不同邏輯分支的探索中，我們遇到了一系列概念、想法和應用，它們塑造了邏輯作為一門學科的發展。我們首先概述了經典邏輯及其歷史根源，然後深入研究了命題邏輯、謂詞邏輯、模態邏輯和非經典邏輯等更具體的主題。

在這些領域中的每一個領域，我們都探索了重要的概念、符號和原則，以及它們與現實世界場景和應用程序的相關性。

例如，我們看到概率論、決策論和信念網絡如何用於在不確定條件下進行推理，並在複雜情況下做出明智的決策。

我們還研究了合理推理和批判性論證評估的重要性，以及邏輯在哲學、數學、電腦科學和其他領域中的作用。此外，我們探討了如何使用不同的邏輯來解決特定問題或挑戰，例如副協調邏輯對不一致信息進行推理的能力。

這種對邏輯的探索展示了該領域豐富多樣的本質，以及它對我們理解世界以及我們推理和做出明智決策的能力的根本重要性。通過掌握邏輯原則和技巧，我們可以在各種情況下成為更有效的思考者、溝通者和問題解決者。

邏輯是處理推理和論證的哲學和數學的一個基本分支。它包含範圍廣泛的理論、概念和技術，它們對於我們理解世界和做出理性決策的能力至關重要。從命題邏輯和謂詞邏輯的基本概念，到更複雜的模態邏輯和次協調邏輯理論，邏輯研究隨著時間的推移發生了重大變化，並為許多領域做出了貢獻，包括電腦科學、語言學和哲學。通過示例，我們探索了如何將邏輯應用於從數學到政治、宗教和倫理的各個探究領域。我們看到邏輯如何幫助我們識別謬誤推理、評估論點的有效性以及根據可用證據做出合理的決定。我們還討論了邏輯的局限性以及在處理不確定性、不一致和悖論時出現的挑戰。

邏輯研究對於培養批判性思維技能以及理解理性和推理原則至關重要。無論是在個人生活、學術追求還是職業生涯中，邏輯推理的能力，對於做出明智的決定和實現我們的目標都是必不可少的。

邏輯在各個研究領域

　　邏輯是推理和批判性思維的重要組成部分，也是許多不同研究領域的重要工具。邏輯研究在哲學、數學、電腦科學、語言學和許多其他領域都有應用。在哲學中，邏輯在分析論證和發展知識與真理理論方面起著核心作用。在數學中，邏輯被用來構建和分析數學證明，構成了學科的基礎。在電腦科學中，邏輯用於開發算法和編程語言，以及分析電腦系統的行為。

　　在語言學中，邏輯被用來分析語言的結構並發展意義和交流的理論。此外，邏輯在法律、經濟學和政治學等領域也有應用，用於分析論點和評估證據。邏輯在日常生活中也很重要，因為它提供了一種解決問題和做出正確決策的方法。

　　邏輯的重要性在於它能夠為推理和解決問題提供系統和嚴密的框架。作為一種工具，它使我們能夠評估論點和證據，並得出合理的信念和結論。因此，它是許多不同研究領域的重要組成部分，對於任何尋求培養強大批判性思維能力的人來說，它都是一項寶貴的技能。

　　各個時代都可找到邏輯在各個研究領域的重要性的歷史例子。如古希臘，埃利亞的哲學家芝諾以使用邏輯悖論來反對運動的存在而聞名，而運動是他那個時代物理學的核心概念。

　　在中世紀，邏輯研究在神學中發揮了至關重要的作用，坎特伯雷的安瑟倫和托馬斯阿奎那等神學家使用邏輯論證來捍衛基督教信仰的教義。

　　在現代，從數學和電腦科學到法律和哲學，邏輯是廣泛領域的重要工具。例如，在數學領域，集合論和數理邏輯的其他

分支的發展對於為拓撲學和代數等許多其他數學領域奠定基礎至關重要。

在電腦科學中,形式化方法和基於邏輯原理的編程語言的發展,創建了可以執行廣泛任務的複雜軟件系統和算法。

在法律中,邏輯推理對於解釋和適用法律原則和先例至關重要,在法律論證和爭議解決實踐中起著至關重要的作用。

在哲學中,邏輯仍然是分析和評估論點以及在從形而上學和認識論到倫理學和政治哲學等廣泛領域發展新思想和理論的重要工具。簡而言之,邏輯研究對於廣泛的領域和應用都是必不可少的,其重要性在未來幾年只會繼續增長。

邏輯史上另一個值得注意的事件是 20世紀初哥德爾不完備性定理的發現。這些定理證明,任何形式的算術系統,包括被廣泛接受的數學公理,都不可能同時是一致的和完備的。這一結果不僅對數學基礎具有重要意義,而且對更廣泛的科學哲學和認識論也具有重要意義。

20世紀中葉電腦的發展也帶來了邏輯和計算的新時代。數字技術和編程語言的進步催生了電子電腦,它可以以閃電般的速度執行複雜的邏輯運算。這為人工智能、自然語言處理和數據分析等嚴重依賴邏輯推理的領域開闢了新的可能性。

今天,邏輯在廣泛的學術領域和行業中繼續發揮著關鍵作用。除了數學和電腦科學,邏輯還用於哲學、語言學、經濟學、法律甚至神學等領域。從開發機器學習算法到在法庭上進行法律辯論,對邏輯的紮實理解對於在許多不同領域取得成功至關重要。

未來

邏輯的發展一直是一個持續的過程，未來的研究和創新有許多潛在的途徑。一個有趣的領域是繼續探索非經典邏輯，例如模態邏輯和模糊邏輯，以及開發新的邏輯來解決特定問題。

另一個重要方向是邏輯在新興領域的應用，例如人工智能、機器學習和大數據分析。隨著這些領域的不斷發展和演變，對邏輯工具和技術的需求將不斷增加，這些工具和技術可以幫助我們理解大量複雜的數據和信息。

人們越來越關注在教育中學習邏輯，特別是在培養學生的批判性思維和解決問題的能力方面。隨著我們繼續面臨複雜而緊迫的全球挑戰，邏輯和理性思考的能力對個人和社會都將變得越來越重要。

隨著邏輯領域的不斷發展，出現了許多令人興奮的開發和研究領域。一個特別使人感興趣的領域是邏輯和電腦科學的交集，因為電腦成為解決複雜問題和分析大量數據的越來越強大的工具。開發新的邏輯系統和算法可以幫助我們更好地理解和管理這些數據，在人工智能和機器學習等領域也有重要的應用。

另一個有趣的領域是非經典邏輯的持續發展，例如副協調邏輯和模糊邏輯，它們使我們能夠在經典邏輯失敗的情況下進行推理。這些系統在哲學、數學、語言學等領域有著重要的應用，並在不斷完善和擴展。

近年來，人們對副協調邏輯的研究及其在人工智能、電腦科學和哲學等領域的應用越來越感興趣。此外，人們重新關注數學基礎，特別是在構造數學和新計算模型開發的背景下。

邏輯發展的另一個重要方向是非單調推理的研究，它涉及根據新信息修正信念，以及開發可以處理不確定和不完整信息的更複雜的推理模型。

　　人們對模態邏輯的研究及其在哲學、語言學和電腦科學等各個領域的應用越來越感興趣。特別是模態邏輯已被用於對知識、信念和其他認知狀態進行建模，並用於推理複雜系統的行為。人們對開發基於邏輯的機器學習和數據分析方法也越來越感興趣，這些方法尋求將邏輯推理的優勢與統計推理和機器學習算法的力量結合起來。

　　未來邏輯的發展方向，有幾個新興的研究和應用領域值得探索。其中一個領域是非經典邏輯的發展，包括副一致性邏輯、關聯邏輯和模糊邏輯，它們有可能提供更靈活、更細緻的推理複雜和不確定系統的方法。

　　另一新興的研究領域是邏輯在人工智能和機器學習中的應用，特別是在自動推理系統和決策支持系統的開發。這涉及開發可以推理複雜數據並根據邏輯原則做出決策的算法和模型。

　　人們對邏輯在倫理學和社會哲學中的應用也越來越感興趣，特別是在開發用於倫理推理和決策的形式化模型方面。這涉及使用邏輯工具和框架來分析道德困境，並指導醫療保健、商業和公共政策等各個領域的道德決策。邏輯學的未來越來越強調跨學科合作和邏輯原理在廣泛領域和領域的應用，包括電腦科學、數學、哲學、倫理學和社會科學。邏輯方法和工具的持續發展和完善，以及將邏輯整合到廣泛的智力和實踐追求中都具有巨大的潛力。